KB210012

방법으로서의
글로벌
차이나

GLOBAL
CHINA AS
METHOD

방법으로서의 글로벌 차이나

GLOBAL CHINA AS METHOD

시장주의와
반공주의를 넘어,

비판적 중국 연구의
새로운 시각

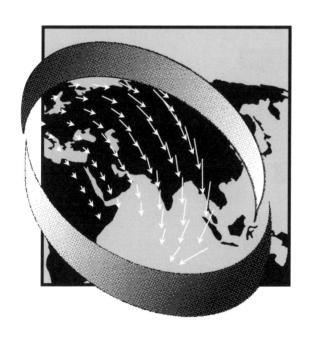

이반 프란체스키니 · 니콜라스 루베르 지음 | 하남석 옮김

차례

일러두기

1. 이 책은 *Global China as Method*(2022)를 우리말로 옮긴 책이다.
2. 문헌 관련 주석은 후주로, 원문의 내용을 보충하는 옮긴이의 주석은 각주로 달았다.
3. 단행본과 정기간행물, 신문, 방송 프로그램에는 겹화살괄호(《 》)를, 논문, 보고서, 기사에는 홑화살괄호(〈 〉)를 사용했다.

중국, 어떻게 볼 것인가?

들어가며

우리는 과연 중국을 어떻게 보고 있는가? 최근에 다소 누그러졌다고는 하지만 여전히 중국에 대한 감정은 부정적이다. 포털 사이트의 중국 관련 기사나 유튜브 영상 아래 댓글창을 열게 되면 혐오 표현이 가득하다. 콘텐츠의 내용이 중국을 비판하는 것이더라도 그런 상황이 벌어진다. 내용을 읽거나 보지도 않고 조건반사적으로 중국이 싫다는 감정을 표출하는 것이다. 이 댓글들 속에서 중국인들은 권위주의적인 자신의 체제를 다른 어떤 체제보다 우수하다고 여기고 주변 국가들에 강압적인 태도를 가진 이들로 그려진다. 그 속에서 다양한 중국인의 모습은 사라지고 자기 우월적이고 맹목적인 애국주의자의 모습으로 납작하게 일원화되어버려 중국과 중국인에 대한 비난과 혐오는 정당화된다.

우리만 그런 것도 아니다. 이러한 중국에 대한 비우호적인 정서는 최근의 전 세계적인 현상이기도 하다. 이미 미국에 버금가는 강대국으로 성장한 중국이기에 서구에서는 21세기 버전의 황화론黃禍論이 등장하기 시작했다. 지난 20년간 세계 각국의 반중 감정에 관한 퓨리서치센터의 데이터를 살펴보면 시진핑 집권 이후부터 주요 국가들에서 중국에 대한 비우호적인 태도가 조금씩 고조되기 시작해 코로나 팬데믹 이후 급격하게 반중 감정이 고조되는 현상이 나타난다. 한국에서는 2016년 사드 배치를 기점으로, 한중 수교 이후 이보다 좋을 수 없던 한중 관계가 점차 악화하기 시작했고 특히 젊은 MZ 세대에서는 반중 정서를 넘어 중국 혐오 정서까지 퍼지는 중이다. 40대와 50대에서는 삼국지나 무협, 홍콩 영화 등으로 대표되는 중국의 전통문화나 대중문화에 대한 익숙함과, 이들이 사회 진출을 했을 시기 중국과의 경제 협력이 무엇보다 중요했기에 중국에 대한 감정이 상대적으로 우호적인 편이다. 하지만 10대와 20대의 경우엔 중국 문화보다는 일본이나 서구 문화에 더 익숙한 편이고, 중국과의 경제 구조가 기존의 협력 관계에서 세계 시장에서의 경쟁 관계로 돌아서게 되면서 중국과 중국인들을 보다 위협적으로 느끼

방법으로서의 글로벌 차이나

게 되었다.

공간적으로 조금 더 시야를 확대해보면, 동아시아 여러 나라와 지역들은 식민과 탈식민, 냉전과 탈냉전이 복잡하게 겹쳐 있는 데다가 최근에는 민족주의와 애국주의, 포퓰리즘이 더욱 강화되며 복잡하게 요동하고 있다. 무엇보다 각 국가에서 포퓰리즘이 득세하자 이에 합세해 환심을 얻으려는 정치인이나 지식인이 많이 나타나고 있으며, 이는 다시 포퓰리즘을 강화하면서 대중 내부에 극단적 의견 충돌을 야기하는 악순환을 불러일으키고 있다. 한국에서 최근 몇 번의 선거 국면을 사례로 살펴보자. 한편에서 "총선은 한일전"이라고 하면, 다른 한편에서는 "대선은 한중전"이라고 맞서며 서로를 친일 반민족주의자와 친중 공산주의자로 몰아붙이고 음모론과 가짜 뉴스를 마구 생산하고 유포시킨다. 지난 대선에서는 여야 후보가 모두 반중 정서라는 쇼비니즘에 올라타는 모습까지 보였다. 여야를 가리지 않고 표를 얻기 위해 포퓰리즘에 올라타는 행위가 대중의 혐오 정서를 더 악화시키고 지역의 평화 체제 구축에 심각한 영향을 끼치고 있는 것이다.

기성 매체와 정치권에서 반중 정서가 확산되는 가운데 이에 반박하는 의견들도 소수지만 등장하기 시작했다. 2022년에 출간된 한 책에서는 한국에서 날로 커지는 반중 감정과 혐중 정서, 그리고 그 기반이 되는 신식민주의적 인식의 틀을 "짱깨주의"라고 명명하고 비판하면서 샌프란시스코 체제로 회귀하려는 신냉전 전략을 넘어서야 한다고 주장했다. 하지만 이 책은 반공 보수 세력의 반중주의만을 비판하는 것이 아니다. 진보 언론이나 진보 좌파 학계의 여러 중국 연구자들을 실명 비판하면서, 과도하게 이상적인 사회주의적 가치나 자유주의적 보편 가치를 중국에 들이대어 "미국도 문제지만 중국도 문제다"라고 하는 태도가 결론적으로 안보 보수 세력에게 도움이 되고 있다고 주장하며 더 큰 논쟁을 낳기도 했다. 이렇듯 과연 '중국을 어떻게 봐야 할 것인가'의 문제는 정치적 스펙트럼을 뛰어넘어 많은 고민을 낳게 하는 주제라고 할 수 있다.

2000년대 이후 국내 중국 연구의 성장

우선, 21세기 들어 한국의 중국 연구는 어떻게 발전해왔는지 살펴보자. 1992년 한중 수교 이후 한국에서 중국에 대한 수요는 여러 영역에서 늘어났고 한국의 중국 연구도 그에 따라 성장해왔다. 2000년대 들어 중국의 성장의 속도가 더욱 빨라지고 개방의 폭도 넓어짐에 따라 중국과 한국 지식인들 사이의 교류와 상호 유학이 확대됐다. 세계적으로 주목을 끈 신좌파와 자유주의 지식인들 사이의 논쟁을 포함한 중국의 비판적 지식인들의 작업은 다른 어떤 나라보다도 빨리 한국에 번역·소개되었다. 이런 교류와 소개를 통해 기존 반공주의와 시장주의에 입각한 중국 이해의 방식을 넘어서 여러 영역에서 다양한 중국 연구가 시도되었고 그 내용도 구체적이고 두터워졌다.

무엇보다 중국 연구의 영역과 방법이 다양해진 것은 중국이라는 그 연구 대상 자체가 개혁개방 이후 많이 변화했기 때문이다. 근대적인 변혁에도 불구하고 사회주의와 자본주의가 교차하고 도시와 농촌이 공간적으로 뒤섞이는 동시에 제국의 양태와 제3세계적 특징이 겹쳐지는 극단적인 경관과 제도를 가진 나라가 바로 현재의 중국이다. 중국 연구자들에게는 이런 중국을 어떻게 분석하고 설명할지가 난제이고 이를 해결하기 위해 다양한 시도가 이뤄져왔다.

우선 기존의 인문학 영역에서는 포스트사회주의라는 문제의식 속에서 문화 연구의 방법들이 도입되었고 분석하는 텍스트도 기존의 문학 작품을 넘어 영화, 드라마, 대중음악, 심지어 온라인과 SNS의 밈에 이르기까지 다채로워졌다. 고전에 대한 연구도 정전의 정확한 번역이나 해석에만 머무르는 것이 아니라 고전으로부터 이어진 담론과 수사가 현재 어떤 의미를 가지고 있는지에 관한 적극적인 재해석이 시도되었다. 당대 지식인과 대중들 사이의 논쟁과 담론 지형도 공산당 중심으로 생성되는 관변 이데올로기에 대한 해석을 넘어 여러 각도에서 분석되기 시작했다.

　사회과학 분야에서는 기존의 정보 분석에 가까웠던 정치엘리트 연구와 국제관계에 대한 논의들에 보다 이론 지향적인 연구 방법들이 도입되었다. 현지 조사가 일반화됨에 따라 연구의 내용이 중앙에만 머무르지 않고 지방에 대한 구체적인 분석도 시도되었다. 경제 현장에 대한 실용적이고 정책적인 수요가 증가함에 따라 산업과 기업 영역의 연구도 확대되었으며, 중국 기층 사회의 역동성과 그에 대응하는 당국의 거버넌스에 관한 다양한 연구도 이뤄졌다.

　한편, 2007~2008년 글로벌 금융위기를 전후해 서구의 신자유주의 경제 체제와 자유주의적 국제질서가 쇠퇴하고 있다는 주장이 확대되면서 워싱턴 컨센서스를 대체하는 베이징 컨센서스*와 중국모델론**이 중국 안팎에서 힘을 얻기

---

*　2004년 골드만삭스 고문이자 중국 칭화대 겸직교수였던 조슈아 쿠퍼 라모Joshua Cooper Ramo가 처음 제기한 개념으로 중국의 정부 주도의 시장경제 발전 모델을 의미한다. 라모는 탈규제와 재정 긴축 등 신자유주의 세계화 전략으로 추진된 워싱턴 컨센서스와 대비되는 개념으로 개발도상국들이 각 나라의 특성에 맞게 정부 주도하에 점진적인 경제 개혁과 균형 발전을 추구해야 한다는 면에서 베이징 컨센서스를 강조했다.

**　중국이 개혁개방 과정에서 현대화를 추구하며 만들어온 발전 전략 및 거버넌스 모델을 뜻한다. 기존 소련 및 동유럽 국가들의 계획경제에서 시장경제로의 체제 전환과도 다르고 동아시아 발전 모델과도 구별되는 중국의 독특한 경제 발전 방식을 강조하기 위해 명명한 개념이라고 할 수 있다.

시작했다. 주로 중국의 정치경제를 연구하는 영역에서 그동안 서구의 비교정치학과 주류 경제 이론에 입각한 분석들이 중국의 특수성을 반영하지 못했다는 비판들이 이어졌으며, 민주화와 시장화라는 근대화론에 입각한 체제이행론을 버려야 한다는 주장도 나왔다.

이는 중국의 역사적, 문화적 전통과 장기시간대를 고려한 중국 연구가 필요하다는 논의들로 이어졌고 실제 중국 내부에서는 전통의 재해석에 입각해 현재 체제를 분석하는 연구들이 나오기 시작했다. 중국의 장기지속과 제도와 문화 기저의 전통을 고려한 연구들은 그동안 서구의 방법을 통해서 잘 해석되지 않던 중국의 특수성들을 잘 드러내기도 했으나, 이 연구들이 현재 공산당 일당 통치 체제를 정당화하는 경향이 강해지자 많은 논쟁들이 이어졌다.

시진핑 체제 이후의 중국을 어떻게 봐야할 것인가?

특히 2010년대 들어 시진핑 체제가 등장하고 기층의 사회운동에 대한 탄압이 거세지는 동시에 미국과 중국 사이의 갈등이 무역 분쟁을 넘어 체제 경쟁과 전략 경쟁으로까지 이어지면서 비판적 중국 연구 분야에서 현재 중국의 체제 성격을 어떻게 봐야 하는가와 관련해 논쟁이 시작되었다. 비판적 중국 연구의 전통은 주로 냉전 시기 반공주의에 입각한 주류적인 연구 방법을 적용하는 것을 지양하고, 중국의 대안적 근대성 추구의 사상과 실천을 발굴하는 동시에 이를 통해 우리 사회의 인식의 지평을 넓히는 것이라고 할 수 있다.

그렇기에 그동안 비판적 중국 연구는 주로 내재적 접근에 입각해 중국에 대한 외재적 시각의 오류나 선입견을 교정하는 데에 주력해온 것이 사실이다. 하지만 사회주의 체제가 그 체제의 주인이라고 할 수 있는 노동자와 농민의 민주적 운동을 거세게 탄압하는 모순적이고 환멸적인 상황이 계속해서 벌어지자 중국의 국가 정체성에 대한 질문이 이어지는 중이다.

실제로 한국뿐만 아니라 해외의 진보적 중국 연구자들 사이에서도 중국의 체제 성격을 놓고 많은 논쟁이 벌어지고 있다. 주요 쟁점은 현재 중국이 미국이라는 제국주의 국가와 신자유주의 세계 질서에 맞서고 있으므로 진보적인 변화의 주축으로 봐야 하는지, 아니면 신자유주의적 세계 체계에 완전히 동화되었고 아류 제국주의의 성격을 가지고 있으며, 내부의 진보적 저항자들을 억압하는 권위주의 국가이기에 저항과 비판의 대상으로 삼아야 하는지 여부이다.

바로 이 지점에서 비판적 중국 연구의 딜레마가 발생한다. 전자는 후자의 중국 비판이 세계적으로 거세지고 있는 반중 정서를 가속화하고 결국 반공 보수 세력의 중국위협론에 힘을 실어주는 결과를 낳을 뿐이라고 평가한다. 반면 후자는 전자가 중국의 사회주의적 과거에 집착해 현재 중국 안팎의 모순을 무시하고 있다고 비판한다.

이런 방식의 논쟁은 미국 내지는 서구와 중국 사이의 전략 경쟁이 더 심화하고 전쟁 등으로 국제 정세의 지정학적 불안이 가중되면서 더 격하게 벌어지고 있다. 현 정세 불안의 책임을 미국을 비롯한 서구 제국주의의 탓으로 보느냐, 혹은 중국을 비롯한 권위주의 국가들의 주변 지역으로의 세력 확장 탓으로 보느냐의 문제도 위의 논쟁과 맞물려 벌어진다. 그렇기에 이 이분법적 구도 안으로 말려 들어가지 않으면서도 현재 지구적 자본주의의 문제를 성찰하면서 중국에서 벌어지고 있는 여러 반인권적 상황들(신장 위구르 등 소수민족에 대한 억압, 디지털 감시, 노동자 탄압, 검열 및 언론 통제 등)도 함께 비판할 수 있는 시좌를 마련하는 것은 중요한 일이다. 그러한 맥락에서 이 책의 저자 이반 프란체스키니Ivan Franceschini와 니콜라스 루베르Nicholas Loubere가 제기한 "방법으로서의 글로벌 차이나"의 시각은 매우 중요하다고 할 수 있다.

방법으로서의 글로벌 차이나

이 책의 공저자들은 그동안 중국에 대한 대부분의 논의들이 중국을 어떻게든 '실재' 세계 외부에 존재하는, 근본적으로 다른 '타자'로 상정하는 핵심 가정을 공유하고 있다고 평가한다. 중국에 대한 '타자화된' 묘사는 중국의 공식 및 비공식 담론에서도 흔하기 때문에, 이러한 인식은 외부에서 중국을 바라보는 사람들이나 내부에서 경험하는 사람들 모두에게 해당된다고 할 수 있다. 이어서 이들은 그동안 중국에 대한 주요 접근법을 크게 세 가지, '본질주의'적 접근법, '산파술'적 접근법, '그쪽이야말로주의'적 접근법으로 나누어 각각 그 시각의 문제들을 비판한다. 책에서 설명한 이 세 접근법을 보다 한국적인 맥락에서 쉽게 풀어보자.

우선 본질주의적 접근법은 한국 사회에서 기존 사회주의 체제를 보는 전체주의적 접근법이나 반공주의적 시각과 유사하다. 이는 역사적 사회주의 체제를 자유와 민주를 억압하는 독재 세력이 지배하는 일종의 전체주의 사회로 판단하고 적대하거나 경쟁해야 할 상대로 간주하는 시각이다. 산파술적 접근법은 국제관계이론에서의 관여engagement 정책*이라고 할 수 있는데, 우리에겐 북한을 상대로 한 햇볕정책을 떠올려보면 이해하기 쉽다. 지속적이면서도 점진적인 경제적, 사회적 교류와 협력이 결국 중국의 자유화, 민주화 등을 견

---

*   외교, 경제, 문화 등 다양한 영역에서 점진적으로 국가 간 교류를 넓혀서 대상 국가에 영향력을 확대하고 변화를 야기하려는 정책을 뜻한다.

인할 것이라고 보는 시각이다. '그쪽이야말로주의'적 접근법은 쉽게 얘기해서 피장파장의 오류를 떠올리면 된다. 중국의 인권 탄압이나 비민주성에 대한 정당한 문제 제기에 답하는 것이 아니라 오히려 서구 제국주의 국가들의 잘못을 꺼내서 논점을 흐려버리는 방식이다. 한국에서는 앞선 두 접근법보다는 소수라고 할 수 있지만 좌파나 진보 진영 일각에서는 상당히 퍼져 있는 시각이기도 하다.

여기에 한국 특유의 중국을 보는 시각을 하나 더 덧붙여보자면, 일명 '실용주의'로 포장된 상업주의적, 시장주의적 접근도 있겠다. 이러한 시장주의적 접근은 중국을 한국 상품을 파는 거대한 시장이자 한국 경제 성장의 발판으로 삼는 시각으로, 우리는 실용적 이득만 챙기면 되는 것이지 굳이 중국에서 벌어지는 인권 탄압 등을 문제 삼을 필요 없다는 주장이기도 하다. 한국에서 중국에 대한 접근은 크게 두 가지, 즉 '가치 외교'와 '실용 외교'로 포장되지만 실제 그 내용은 '반공주의'와 '시장주의'라고 할 수 있다. 특히 이 두 가지 시각은 한국의 두 주요 정치 세력이 각각 대표하는 것으로 그 외의 시각이 설 자리가 별로 없는 것이 현실이다. 이 책을 번역 소개하는 것은 이러한 기존의 접근법을 넘어서려는 하나의 시도이기도 하다.

공저자들이 내세우는 "방법으로서의 글로벌 차이나"는

빈틈없이 완결된 이론 체계로 볼 수는 없다. 이 접근법은 하나의 열려 있는 느슨한 접근 방식으로 이해해야 하며, 일부 지식인이 자신의 이름을 내걸어 사유화하는 이론이나 이념 체계가 아니라 보다 많은 연구자들이 시각을 공유하면서 협업을 통해 이루어나가고자 하는 하나의 연구 및 활동의 시도라고 볼 수 있다. 이들은 단순히 중국의 존재를 그 자체로 세계의 한 구성 요소로 인식하기보다는 중국이 지구적 역사, 과정, 현상, 추세와 밀접하게 얽혀 있다고 파악하는 것이 중요하다는 점을 강조한다. 중국 고유의 역사와 문화에서 비롯된 특수성은 당연히 고려해야 하지만 이를 따로 떼어내 세계와는 분리된 주체로 놓고 그 특성만 강조해서는 안 된다는 뜻이다. 이와 같이 중국과 세계의 얽힘을 이해하기 위해서는 근본적으로 관계적 관점이 필요하며, 이는 사회 세계가 정적인 '사물'로 구성되었다고 보는 시각을 벗어나 '사회적 실재를 역동적이고 연속적이며 과정적인 측면에서 개념화'하는 관점이다.

무엇보다 이들이 "방법으로서의 글로벌 차이나"를 통해 강조하는 측면은 중국이 지구적 자본주의 체제의 한 구성 요소라는 점이며, 그렇기에 중요한 것은 지구적 자본주의 체제가 중국에 미치는 영향과 그 역으로 중국이 지구적 자본주의 체제를 또 어떻게 변화시켜나가고 있는지 그 상호 관계를 파악하는 것이다. 특히 개혁개방 이후 중국과 세계를 이해하는 데 있어서 이 점은 가장 중요한 지점이기도 하다. 일부에서는 중국을 자본주의 세계 체제를 극복할 수 있는 대안적 성격을 가진 국가로만 파악하고 환상을 가지는 경우가 있다. 물론 중국의 역사적 경험 속에서 자본주의 체제의 모순을 극복하려는 맹아가 전혀 존재하지 않는다고는 말할 수 없다. 하지만 그 모순을 극복하려는 여러 주체와 움직임들은 중국뿐만 아니라 세계에 편재되어 있는 것이기도 하며, 그 사상과 운동 역시 각 지역에서 나름의 맥락을 가지고 수축과 확장을 지속하고 있기도 하다. 그렇기에 이 접근법에서 중요한 것은 중국을 따로 떼어놓고 자본주의 국가인지 사회주의 국가인지 규정을 내리는 것이 아니라 중국이 자본주의 세계 체제의 하나의 구성 요소로서 어떻게 작동하고 있으며, 또 이 체제를 어떻게 변화시켜나가고 있는지 그 연결점과 연관 관계를 세심히 살펴보는 것이다. 그 속에서 현재 중국과 지구적 자본주의를 특징짓는 중첩된 형태의 야만에 대한 비판과 투쟁의 가능성을 찾아낼 수 있을 것이다.

공저자들은 이런 문제의식 속에서 책《방법으로서의 글로벌 차이나》를 집필했으며, 이들의 이러한 시각과 연구 및 활동은 단순히 짧은 책 하나로 끝나는 것은 아니다. 이들은 이미 2016년부터 호주국립대학을 중심으로 연구 웹진 '메이

역자 해제

드 인 차이나 저널'Made in China Journal 1을 매년 네 차례씩 발간하고 있으며, '글로벌 차이나 인민 지도'The People's Map of Global China* 프로젝트를 진행하며 중국의 해외 진출이 세계 각 지역에서 낳고 있는 변화를 구체적으로 추적하고 기록하고 있다. 또 한편으로는 신생 연구 웹진으로 2022년에 '글로벌 차이나 펄스'Global China Pulse 2를 새로 발간하기도 했다. '메이드 인 차이나 저널'이 주로 중국의 노동 문제와 사회 문제 등을 다룬다면 '글로벌 차이나 펄스'는 세계와 중국과의 관계를 다루고 있다. 나아가 이에 그치지 않고 세계 각국의 비판적 중국 연구 분야의 소장 연구자와 신진 연구자들을 규합하여 세 권의 단행본 작업을 진행하기도 했다. 53개의 키워드를 뽑아내 마오쩌둥 시기의 중국을 조명한 책인 《중국 공산주의의 유산들》Afterlives of Chinese Communism (2019), 신장 위구르 문제를 집중 조명한 책인 《신장 원년》Xinjiang Year Zero (2022), 중국 노동운동의 120년 역사를 주요 사건을 중심으로 해당 사건 전공자들에게 맡겨 정리한 《프롤레타리아 중국》 Proletarian China (2022) 등의 집단 작업들을 훌륭히 수행해냈

---

* 글로벌 시민 사회의 참여를 통해 중국의 복잡하고도 변화하는 국제 활동을 추적하는 플랫폼이다. 학계와 비정부기구, 언론과 노동조합 등 다양한 주체들이 공동으로 참여해 세계 각 지역에서 나타나는 글로벌 차이나의 다양한 측면에 대한 정보들을 데이터베이스화하고 있다. 홈페이지는 thepeoplesmap.net이며 이 책의 공저자인 이반 프란체스키니와 니콜라스 루베르가 주도적으로 이끌고 있다.

다. 이들은 이렇게 만들어낸 집단 작업을 통한 연구 결과물들을 모두 오픈 액세스를 통해 온라인에서 무료로 공개하고 있다. 이런 연구 결과물들에서 볼 수 있듯이 공저자들이 주축이 되어 수행해낸 집단적 연구 역량은 "방법으로서의 글로벌 차이나"라는 접근법이 현시점에서 단순히 선언으로 끝나고 있는 것이 아니라 지구적 차원에서 비판적 중국 연구의 새로운 주축이 되어가고 있는 것을 증명하고 있기도 하다.

환상과 환멸을 넘어선 비판적 중국 연구는 가능한가?

다시 한국으로 돌아와보자. 한국에서 비판적 중국 연구는 많은 이들이 인정하고 있듯이 고故 리영희 선생님이 몸소 보여줬던 방법으로 냉전 시기 반공주의에 함몰되지 않고 중국의 혁명 역사 속에서 대안적 근대 추구의 사상과 실천을 발굴하고 이를 통해 한국 사회의 인식의 지평을 넓히는 것이었다. 그렇기에 그동안 비판적 중국 연구는 내재적 접근법을 중심으로 서구 주류 사회과학의 외재적 시각을 비판하는 데 중점을 두었다. 하지만 중국도 개혁개방 이후 시장경제를 상당 부분 수용하면서 급격히 변화했으며, 도리어 자칭 사회주의 체제가 그 체제의 진짜 주인으로 호명되어온 기층 인민들의 민주적 주장을 강력하게 탄압하는 모순에 직면해 있기도 하다. 그렇기에 내재적 접근에는 연구자 스스로의 비판적 시각이 매우 중요하다. 내재적 접근이 내재적 비판이 되지 않으면, 그 관점의 객관성은 확보되지 않고 해당 체제의 특수성만을 강조하거나 그 체제의 관방官方 이데올로기가 선전하는 내용에 현혹되기 쉽다. 그렇지 않아도 많은 중국 연구자들이 친중과 반중의 이분법 속에서 선택을 강요받는 현실 속에서 일부 연구자들은 다른 연구자들에게 어떤 '주의자'의 낙인을 찍기 바쁜 것이 아쉬운 세태다.

한국에서도 향후 비판적 중국 연구는 친중과 반중의 이분법적 구도를 넘어서는 새로운 틀을 만들 필요가 있다. 장기 시간대를 고려한 내재적인 중국 연구는 지속되어야 하지만 그 방향이 비판의 성격을 상실하고 현재 모순적인 중국 체제를 정당화하는 방향으로 가는 것은 지양해야 한다. 특히 지정학, 지경학地經學적으로 점차 강화되고 있는 중국의 패권적 의도를 약화시킬 수 있는 논의가 확대되어야 하며, 내부적으로 점차 억압받고 있는 사회주의 민주의 역사적 경험을 중국의 뜻있는 이들과 연대하여 더 적극적으로 살려낼 필요성이 있다. 이런 방향에서의 접근이 이뤄져야 친중 대 반중이라는 이분법에서 벗어나서 본연적인 '비판'을 수행할 수 있을 것이다. 다행히 비록 아직은 소수에 불과하지만 한국에서도 중국과 중화권의 (비정규)노동, 젠더, 청년, 생태 등 국민국가에 쉽게 포섭되지 않는 지역과 경계의 가능성과 의미를 묻는 연구들이 시작되었다. 그 영역에서의 마주침들을 포착하고 함께 잇는 작업들을 통해 중국을 향한 혐오의 정동에서 벗어나 연대의 실마리를 찾을 수 있을 것이다.

들어가며

중국은 세계의 일부인가? 서구의 많은 정치 담론과 미디어, 대중의 인식에 따르면 그 대답은 '아니오'로 보인다. 지구적 사회·경제 체제에 통합된 지 40년이 지나 '세계의 공장'이자 세계에서 두 번째로 큰 규모의 경제체가 된 지금에도 중국에 대한 대부분의 논의는 중국을 '실재' 세계 외부에 존재하는 근본적으로 다른 '타자'로 상정하며 계속되고 있다. 암묵적으로든 명시적으로든 중국은 일반적으로 상황이 '정상적'으로 돌아가는 데 영향을 미칠 수 있는 잠재력을 가진 외부 세력으로 묘사된다. 중국에 대한 '타자화된' 묘사는 중국의 공식 및 비공식 담론에서도 흔하기 때문에, 이러한 인식은 외부에서 중국을 바라보는 사람들이나 내부에서 경험하는 사람들 모두에게 해당된다고 할 수 있다.

이러한 분리와 차이를 중국이 내면화하고 있으며, 상황을 변화시키는 외부의 주체로 중국을 간주하는 중국과 서구, 그리고 글로벌 사우스*의 많은 지역에서 정치적·이념적 스펙트럼을 가로질러 기저에 깔려 있다. 그러한 가정은 특히 지구적 차원의 사회경제적·지정학적 체제 속에서 중국의 존재감이 점점 더 커지고 이에 더욱 얽혀들면서 중국에 대한 긍정적, 부정적, 그리고 양가적인 논의의 프레임을 만들어내고 있다. 이 책은 중국 내부에서 볼 수 있는 중국 예외주의라는 커다란 질문은 일단 제쳐두고 노동권, 디지털 감시, 신장 위구르에서의 대량 억류, 해외 투자, 학문의 자유 침식이라는 현안을 둘러싼 뜨거운 국제적 논쟁에 초점을 맞추려고 한다. 이 다섯 가지 주제를 검토하며 우리는 당대 중국에 대한 여러 분석의 기저에 있는, 중국을 '타자'로 간주하는 암묵적인 핵심 가정을 재구성하고 중국을 분리된 개체가 아니라 지구적 자본주의 체제의 일부로서 이해하기 위한 방법론적 로드맵을 제시하고자 한다.

---

*   개발도상국 또는 제3세계 국가들을 통칭하는 용어로 이 국가들이 주로 남반구나 북반구 저위도에 위치해 있기에 '글로벌 사우스'Global South라고 불리게 되었다. 이에 대비해 북반구에 위치한 선진국들은 '글로벌 노스'Global North라고 부른다.

세 가지 프레임

그렇다면 오늘날 중국은 국제정치, 미디어, 대중 담론과 논쟁에서 어떻게 '타자화'되고 외부화되고 있을까? 이데올로기적으로 서로 다른 진영들이 채택하고 있는 세 가지 경쟁적인 프레임이 현재는 영향력을 가지고 있다. 이 프레임들은 겉보기에는 서로 다른 분석인 듯하지만 결정적으로 중국을 분리된 '타자'로 간주하는 동일한 가정을 핵심으로 공유하고 있다. 그중 첫 번째 프레임은 보통은 '예외주의'라고 불리는 것이다. 이 책에서는 이러한 담론들이 종종 '중국'과 '중국인'의 타고난 '본질적' 특성을 강조하는 방식에 주목하기 위해 '본질주의'라고 명명하려 한다. 서구에서의 논쟁과 관련해 우리는 중국과 다른 지역 간의 역학 관계에서 유사성을 찾아내려는 어떠한 시도도 기각해버리는 관점들을 언급할 때 이 용어를 사용할 것이다. 이러한 형태의 논증은 일련의 특정한 조건 속의 특정한 속성을 본질적인 요소로 강조하는 경향이 있고, 한 세기 전 중국과 서구에서 격렬하게 벌어졌으며 오늘날에도 유행하고 있는 중국의 '국민성'國民性 논쟁을 연상시키는 추론 방식이다. 중국과 중국인에 대한 신랄한 인종주의적 고발서인 아서 핸더슨 스미스Arthur H. Smith의 악명 높은 책《중국인의 특성》Chinese Characteristics(1894)을 한때 루쉰과 같은 중국의 혁명적 지식인들이 찬탄했으며, 오늘날까지도 계속 읽힌다는 점이 이를 증명한다.* 이 책은 심지어 중국의 소셜 미디어 플랫폼인 더우반豆瓣에서 현재도 놀라울 정도로 높은 평점을 기록하고 있다. 과거에는 비슷한 논의가 인종 문제를 중심으로 진행됐지만, 오늘날의 본질주의적인 관점은 권위주의적인 중국은 근본적으로 (우리와) 다른 정치 체제의 전형이기 때문에 자유민주주의 국가들과는 비교할 수 없다는 견해를 중심으로 이뤄지고 있다. 그리고 이들 사이에 공통점이나 겹치는 부분이 있을 수 있다는 의견은 그 즉시 도덕적 상대주의와 그쪽이야말로주의whataboutism**라고 집요하게 비난받는다.

본질주의적 관점은 근시안적인 시각을 초래하며, 이러한

---

* 중국에서 근 50년간 살았던 미국인 선교사로, 1894년 출간한 《중국인의 특성》이란 책에서 중국인의 기질을 체면 중시, 인내와 강인함, 검소함, 상호 시기, 공공 정신 결핍, 어리석음 등 20여 가지로 정리했다. 이 책은 전형적인 서구인의 오리엔탈리즘적인 시각이라고 할 수 있지만 당시 량치차오나 루쉰 같은 중국 근대 지식인들의 국민 개조나 정신 개조 운동에 큰 영향을 끼쳤다.

** 특정한 개인이나 집단이 어떤 문제에 대해 비판을 받았을 때, 비판한 측에게 비판받은 지점과 직접적 연관이 없는 다른 문제들을 거론하며 역비판하는 방식을 이야기한다. 즉 상대가 처음에 잘못을 지적했을 때 그 자체를 반박하거나 틀렸다고 입증하는 것이 아니라 상대방 역시 비슷한 잘못을 저질러왔다고 얘기하는 것이다. 실례로 냉전 시기 서구 진영에서 사회주의권의 인권 침해나 정치적 탄압을 비판하면, 반대 진영에서는 서구 자본주의의 제국주의로 인한 식민지 문제, 자본주의적 착취 얘기를 꺼내 '물타기'를 하는 방식이 아주 흔하게 사용되었다. 가장 최근의 예로는 서구 진영이 우크라이나 전쟁을 일으킨 러시아를 비판하면, 러시아는 미국과 영국이 일으킨 이라크 전쟁을 거론하며 대응한 것을 들 수 있다.

방법으로서의 글로벌 차이나

관점하에서는 당장 눈에 보이는 것보다 더 많은 내막이 있을 수 있다고 말하는 어떠한 의견도 독선적인 분노 표출의 대상이 되곤 한다. 이 관점에 따르면 자유민주주의 체제와 권위주의 체제 사이에는 어떠한 연계점이나 상호 침투, 유사점이 있을 수 없다. 중국은 따로 떼어내 고립적으로 분석해야 하며, 어떤 분석이든 중국 공산당의 권위주의가 모든 문제의 기저에 있는 유일한 상수라는 것을 증명해야 한다. 외국 정부, 다국적 기업, 대학과 같은 외부 행위자가 관련된 경우, 이들의 관여는 더 광범위한 체계의 문제를 반영한다고 받아들여지기보다는 중국 공산당으로 인해 변질된 것이라고 여겨진다. 예를 들어 도널드 트럼프 전 미국 대통령이 신장의 재교육 수용소에 대한 지지를 표명했다는 것이 폭로되자 많은 이들이 놀라움을 금치 못한 것은 그런 시각 때문이다.[1] 극단적으로 이러한 본질주의적인 관점은 중국과 기타 지역 간의 수렴하는 지점을 발견하려는 이들을 무의식적으로 권위주의적 논점을 재생산하는 변호론자나 '쓸모 있는 바보들'*, 혹은 권위주의 체제를 위해 민주주의를 훼손하는 적극적 행위자로 여긴다.

두 번째 접근법은 중국을 '변화'시킨다는 오래된 관념에

---

* 일종의 정치 속어로 공산주의에 동조적인 서구의 지식인들을 비하하고 조롱하기 위해 사용된 반공주의적인 표현이다.

기반을 두고 있다. 그 핵심 가정은 '우리가' 중국에 더 많이 관여할수록, 중국이 국제 체제와 제도에 더 깊이 편입될 것이고 이에 더 많이 동화되어 자유시장경제, 자유민주주의로의 필연적인 이행을 앞당기게 될 수 있다는 것이다. 우리는 이러한 접근법이 대화 상대의 견해와 관행을 개선하기 위해 기존의 관념에 도전하는 소크라테스의 대화 방식과 유사하다는 점에서 '산파술'적 접근법이라고 명명한다. 이는 중국을 개혁과 통합을 필요로 하는 외부화된 '타자'로 간주한다는 면에서 본질적으로 도덕주의적인 관점이다.

이 프레임은 신자유주의와 '역사의 종언'론의 황금기였던 1990년대와 2000년대에 지배적이었지만 2013년 이후 시진핑 정부 시기 중국의 국내 및 대외 정책의 새로운 양상들로 인해 큰 타격을 입었다. 국제 시민 사회와 연계된 중국 인권 변호사와 활동가들에 대한 탄압, 신장 지역에서 위구르족과 기타 소수민족에 대한 집단 구금, 홍콩 사회운동에 대한 탄압 등 이른바 '전랑외교'戰狼外交의 부상, 그리고 외국 시민을 국제 무대에서 볼모로 이용하기 위해 허위 혐의로 임의 구금하려는 중국 당국의 행위로 인해 중국이 보다 자유롭고 민주적인 미래로 나아갈 것이라는 주장은 힘을 잃었다.

중국이 지구 공동체의 '정상적인' 구성원으로 바뀔 가능성이 낮다는 사실이 점점 더 분명해지면서, 기존에 산파술적 접근법에 동의해온 사람들 중 일부는 환멸을 느끼고 보다 본질주의적인 접근법을 채택하기도 한다. 이러한 변화는 일반적으로 중국이 어떤 방식으로 국제기구와 국제 규범을 '부식'시키고 있으며, 이에 연루된 것으로 보이는 행위자들(기업, 대학, 기관, 개인)에게 책임의 일부를 전가하고 있는지에 대한 우려가 커지는 것으로 표현된다. 이러한 경우, 산파술적 접근법에 내재된 도덕주의는 재구성되고 그 방향이 바뀌게 되어 중국은 선의를 가진 학생 역할에서 세계를 타락시키는 영향력을 행사하는 역할로 전환된다. 하지만 그 안에 중국을 타자화하는 시선은 그대로 이어진다.

'그쪽이야말로주의'라고 불리는 세 번째 프레임은 중국에 대한 모든 비판을 위선적인 것으로 간주한다(이러한 태도는 중국뿐 아니라 다른 대상에 대해서도 마찬가지로 적용될 수 있다). 이러한 관점을 보여주는 사례로는 2020년 미국의 여러 도시에서 경찰의 폭력과 인종차별에 반대하는 시위가 벌어졌을 당시 소셜 미디어 플랫폼이 홍콩에서 중국 당국의 행동을 비난했던 미국 정부의 위선을 지적하는 목소리로 넘쳐났던 것을 들 수 있다. 그 목소리는 "국내의 사회 불안을 통제할 능력도 없는 미국 정치인들이 무슨 권리로 옛 영국 식민지에서 벌어지고 있는 일에 대해 언급하느냐"와 같은 것들이었다. 이와 마찬가지로 "미국 교도소들의 암울한 상황, 남부 국경 지대에서의 대량 구금, 테러와의 전쟁이 초래한 재앙으로 미국 자신의 도덕적 파산이 명백해졌는데 어떻게 이를 무시하면서 신장 위구르 지역에서 위구르인들의 대량 구금을 비난할 수 있는가"라는 식의 주장도 있다. 또 그 역으로 "홍콩과 신장 위구르의 상황을 고려할 때 중국 당국과 연결된 사람이(심지어 그 관계가 느슨할지라도) 어떻게 감히 미국에서 벌어지는 시위나 구금 시설에 갇혀 있는 이민자들의 어려움에 대해 언급할 수 있겠는가"라는 주장도 이러한 관점의 사례다. 이러한 그쪽이야말로주의적인 주장들은 미국(또는 다른 서구 국가)과 중국에서 일어나고 있는 일들이 본질적으로 분리되어 있고 어떤 방식으로든 연결되지 않으며, 궁극적으로 서로를 상쇄하는 방정식의 양변인 것 같은 프레임을 씌운다.

그쪽이야말로주의는 미국에서 활동하는 중국 출신 인권 변호사 텅뱌오騰彪가 최근《뉴욕타임스》기고문에서 중국과 미국을 끊임없이 비교하는 것은 이제 '바이러스'가 되었다고 주장할 정도로, 현재 벌어지고 있는 논쟁에서 흔히 볼 수 있는 관점이 되었다.[2] 텅뱌오는 이러한 의미 없는 동치 관계가 논쟁을 얼마나 오염시켰는지에 대해 설득력 있는 사례를 제시하면서 두 가지 유형의 문제가 되는 비교 방식을 강조한다. 하나는 피상적 수준을 넘어서지 못하는 얄팍한 일치의 방식이고 다른 하나는 엄밀한 의미에서의 '그쪽이야말로주

방법으로서의 글로벌 차이나

의’이다. 텅뱌오가 든 사례에 따르면, "중국의 부패가 심각하다고 하면 미국도 마찬가지라고 하고, 중국이 위구르족과 티베트족을 문화적으로 말살하고 있다고 하면 미국도 아메리카 원주민을 학살하고 흑인을 노예로 삼았다고 하고, 중국이 역외 납치를 자행하고 있다고 하면 미국이 이라크를 공격했다"는 식이다.

중국과 미국을 겨냥한 이러한 비판들이 모두 정확하지 않다고 할 수는 없겠지만(하지만 이 두 대상을 향한 비판이 모두 사실일지라도 한쪽의 주장이 다른 쪽의 주장을 상쇄하는 핑계거리가 될 수는 없다), 현재 중국과 관련한 논쟁이 피상적인 비교와 잘못된 동치 관계, 그쪽이야말로주의적 논증의 수렁에 빠져 있다는 텅뱌오의 냉정한 평가는 옳다. 이는 적어도 두 가지 이유로 심각한 문제가 된다. 첫째, 그쪽이야말로주의는 무관심을 조장한다. 어떠한 형태의 비판도 위선으로만 여겨진다면 비판적 분석의 의미는 무엇인가? 어떠한 상황에서야 비판할 자격을 가지게 되는가? 둘째, 그쪽이야말로주의는 물을 흐리고, 기본적인 유사성과 상호 연결 관계를 모호하게 만들며, 현재 후기 자본주의 단계에서 국경을 넘어 세계 경제의 구조 속에 내재된 실제 공통성을 식별하기 어렵게 만들어 우리의 눈을 가린다. 그쪽이야말로주의가 단순히 주체할 수 없는 편협함에만 의존하든, 아니면 의도적으로 사실을 왜곡하든 결과는 마찬가지다. 그쪽이야말로주의는 보다 큰 그림보다는 세부적인 사항에 초점을 맞추는 근시안적인 수동성을 야기한다. 이로 인해 의미 있는 토론은 어려워지고 효과적인 정치적 행동을 취할 수 있는 우리의 능력은 약화된다.

방법으로서의 글로벌 차이나*

앞서 개략적으로 설명한 세 가지 프레임은 명백히 관념적이며 실제로 담론 간의 경계가 그렇게 명확하지는 않지만, 일반적으로 극명하게 구분되는 정치적 이데올로기와 각각

* '방법으로서의~'라는 수사는 일본의 중국 연구자인 다케우치 요시미竹内雄好와 미조구치 유조溝口雄三로부터 비롯되었다. 다케우치 요시미는 <방법으로서의 아시아>라는 강연문에서 서구의 근대를 기준으로 아시아를 재단하는 기존의 방식을 비판하면서 아시아를 방법으로 삼아 다시 서구를 조명할 필요성이 있다는 문제를 제기한다. 여기서 그가 '방법'이라고 얘기한 것은 그 자체로 어떤 실체나 목적, 대상인 것이 아니라 그것을 하나의 참조점으로 삼아 상호 비교를 통해 대상을 상대화하는 주체 형성의 과정이라고 할 수 있다. 미조구치 유조는 다케우치 요시미의 이러한 수사를 중국 연구에 다시 적용해 '방법으로서의 중국'이라는 테제를 제기한다. 미조구치 유조는 서구의 근대를 기준 삼아 중국을 설명하는 시각과 역으로 중국 사회주의를 이상적으로 보는 당시 일본 중국학계의 대표적인 두 시각을 모두 비판한다. 그는 '중국을 방법으로 삼는다는 것은 중국을 세계의 하나의 구성 요소로 보는 것이다'라고 했는데, 이는 부연하자면 유럽이나 아프리카, 라틴아메리카 등도 역시 동등하게 세계의 하나의 구성 요소로 보는 것을 의미한다. 즉, 한 지역을 보편화해 기준으로 삼는 것이 아니라 서로를 상호 참조하여 상대화함으로써 세계를 다원적으로 인식하는 것이 필요하다는 주장이었다. 공저자들은 여기서 한 발자국 더 나아가 다원적 세계 인식의 기반 위에서 이 세계가 어떻게 얽혀 있고 서로 영향을 미치며 변화해나가는지를 구체적으로 추적하는 것이 필요하다는 점에서 '방법으로서의 글로벌 차이나'를 제시하고 있다.

의 프레임들이 서로 일치하기 때문에 중국에 대한 분석은 엇갈리게 된다. 본질주의적인 프레임은 우파들 사이에서 특히 흔하다. 이들은 중국을 강제적으로 종속되고 통합되어야 할 전 지구적 자본주의와 서구 민주주의 체제에 실존하는 (공산주의적이고 권위주의적인) 위협이라고 인식한다. 그쪽이야말로 주의는 주로 자유민주주의 체제(특히 미국과 영국)에서 선거 패배에 환멸을 느낀 좌파의 일부 분파에서 점차 확대되고 있다. 이들은 중화인민공화국이 지구적 자본주의와 제국주의적 식민지 수탈의 유산에 도전할 잠재력을 가진 '실제로 존재하는 사회주의'의 한 형태를 대표한다고 여기는 낭만적인 관념을 받아들이고 있다. 산파술적 프레임은 자유주의적 견해를 가진 이들 사이에서 더 일반적이다. 이들은 중국을 서구 민주주의 체제와는 근본적으로 구별되고 비교할 수 없는 권위주의 세력으로 여기고 있으며, 중국이 '정상적인' 자유민주주의 국가가 되기 위해서는 ('자유시장'으로서의 지구적 자본주의와 지구적 거버넌스 기구를 모두 포함하는) 제도화된 국제 질서에 더 깊이 관여되고 더 완전히 포섭되어야 한다고 본다.

서로 다른 정치적 입장에 관계없이 이러한 관점들은 하나의 핵심 가정을 공유한다. 그것은 바로 중국을 외부화되고, 분리되고, 자기충족적인 '타자'로 간주하는 것이다. 위에서 언급했듯이 이러한 전제는 사실을 명확하게 밝히기보다는

들어가며

오히려 모호하게 만들며, 궁극적으로 중국과 세계에 대한 왜곡된 이미지를 만들어낸다. 그럼에도 불구하고 이 모든 프레임들이 일부의 진실을 내포하고 있으며, 그렇기에 많은 사람들이 그 프레임들에 매력을 느낀다는 것을 인정하는 것이 중요하다. 중국도 다른 지역과 마찬가지로 역사적, 사회적, 문화적, 경제적, 정치적 '특성'을 가지고 있다는 것은 부인할 수 없는 사실이다. 따라서 중국의 동역학을 이해하려면 일정 수준의 특수주의를 인정하는 것이 필요하다는 것이다. 역사화되고 맥락화되지 않은 분석은 피상적이고 오해의 소지가 있을 수밖에 없다. 그러나 중국은 분명히 세계의 일부이다. 따라서 보다 광범위한 역학 관계에 의해 중국은 형성되고, 또 동시에 그 역학 관계를 형성한다. 바로 이러한 배태성으로 인해 여러 타당한 논쟁이 벌어지고 있다. 중국이 자국 내 여러 폐해를 야기하고 유해한 국제적 추세에 관여하게 되는 것을 막기 위해 중국과 어떤 방식으로 관계를 가져나갈 것인가에 대한 논쟁들이 그것이다.

문제는 이러한 입장들이 (종종 실제로 그렇듯이) 고립되어 극단으로 치닫는다면, 중국에 대한 논의는 아주 유해한 방향으로 이어진다는 점이다. 끝없는 아귀다툼, 완전한 소통의 부재, 토론의 기본 조건조차 합의할 수 없다는 인식에서 비롯된 절망감 등 우리가 현재 직면하고 있는 현실이 바로 그

방법으로서의 글로벌 차이나

러한 결과다. 실제로 이와 같은 주장을 처음 전개하려 했을 때, 우리가 받은 비판 중 하나는 오늘날 '중국 논쟁'이라는 것은 존재하지 않는다는 것이었다. 즉, 우리의 선택지는 중국 당-국가에 맞서 저항하거나 아니면 중국 당-국가의 만행에 공모하거나 둘 뿐이라는 것이다(이 주장은 그쪽이야말로주의 담론에서는 전도된 형태로 나타난다). 다시 말해, 오늘날의 논쟁은 자신과 같은 편인지 다른 편인지를 알고자 요구하는 사람들이 점차 주도하고 있으며, 이는 비판적 연구나 비판적 이해와는 분명히 양립할 수 없는 상황이다.

이 책에서 우리는 중국이 진공 상태나 세계 외부에 존재하지 않는다고 주장함으로써 이러한 프레임들의 한계를 극복하고자 한다. 미조구치 유조는 중국을 분석하는 이들이 단지 자신의 야심과 불안을 반영하기 위해서 중국을 납작하게 묘사하는 것을 "중국 없는 중국학"이라고 명명하며 이와 같은 분석이 만연해지고 있다고 이야기했다. 우리는 미조구치 유조가 내세운 "중국을 방법으로 하는 중국학"을 따라 "중국 없는 중국학"의 분석을 넘어서려 한다. 그에 따르면 "중국을 방법으로 하는 세계란 중국을 하나의 구성 요소로 하는 세계이다."[3] 나아가 우리는 이 견해를 한 단계 더 발전시킬 것을 제안한다. 우리는 단순히 중국의 존재를 그 자체로 세계의 한 구성 요소로 인식하기보다는 중국이 지구적 역사,

과정, 현상, 추세와 밀접하게 얽혀 있다고 파악하는 것이 중요하다는 점을 강조한다. 즉, 중국을 따로 떼어내 고립적으로 이해할 수 있는 분리된 단위로 간주해서는 안 된다. 이와 같이 중국과 세계의 얽힘을 이해하기 위해서는 근본적으로 관계적 관점이 필요하며, 이는 사회 세계가 정적인 '사물'로 구성되었다고 보는 시각을 벗어나 '사회적 실재를 역동적이고 연속적이며 과정적인 측면에서 개념화'하는 관점이다.[4]

이러한 방식으로 이 책은 중국의 동역학이 역동적인 지구적 자본주의 체제의 역사적 유산과 상호작용하고 그를 기반으로 구축됨에 따라 그 지속과 진화의 산물을 담고 있으며 물질적, 담론적 유사성과 연관성에서 비롯된 세계 속 중국의 다양한 양상을 이해하기 위한 틀을 제시하고자 한다. 중국을 분리할 수 없는 세계의 일부로 재개념화해야만 국내적으로든 국제적으로든 중국의 발전이 전 세계 사람들에게 실제로 어떤 의미를 갖는지 이해할 수 있으며, 글로벌 무대에서 중국의 부상이 가지는 함의에 대해 보다 정확하게 설명할 수 있다. 이 지점에서 우리는 지금은 고인이 된 아리프 딜릭Arif Dirlik의 발자취를 따르고자 한다. 아리프 딜릭은 그의 마지막 저서에서 오늘날 중국에 대한 논의를 뒷받침하는 두 가지 전제를 제시했다. 첫째는 지난 20여 년간 중국이 지구적 자본주의에 통합되었기에, 중국을 비판할 때에는 중국이 그 일부를 구성하고 있는 체제의 구조에도 주의를 기울여야 한다는 것이다. 둘째는 지구적 자본주의의 경제적, 사회정치적, 문화적 얽힘을 고려하여, 중국을 향한 비판은 중국의 실패와 성공에 있어서 외부 행위자와의 물질적, 이데올로기적 공모 관계를 설명하는 맥락 속에서 이루어져야 한다는 것이다.[5] 최근 몇 년 동안 중국의 사회경제 체제가 자본주의의 규칙에 따라 작동하는지 여부에 대한 상당한 논쟁이 있었지만, 이 책의 요점은 중국을 자본주의 국가로 협소하게 정의해야 한다는 견해에 대한 찬반을 따지자는 것이 아니다. 이 책의 요점은 중국이 오늘날 자본주의 동역학에 따라 작동하는 세계 체제의 대안이라기보다는 그 체제의 필수적인 일부라는 것을 보여주려는 데 있다. 이러한 중요한 연결점과 연관 관계를 파악하고 지도화mapping하지 않으면 우리의 분석은 실패할 것이며, 현대 중국과 지구적 자본주의를 특징짓는 중첩된 형태의 야만에 대한 우리의 비판과 투쟁은 힘을 잃게 될 것이다.

따라서 우리는 오늘날 중국을 논의하기 위한 대안적인 분석 틀과 방법론적 접근으로 '글로벌 차이나'를 제안한다. 다시 말해 중국 사회, 국내 및 대외 정책과 관련된 문제를 우리가 현재 위치한 후기 자본주의 단계에 내재해 있는 보다 광범위한 추세와 기저의 동역학과 연관해 해석하는 일련의 틀을 채택하는 것이다. '글로벌 차이나'global China(소문자 g)라는 개념은 새로운 것이 아니라서, 중국이 세계의 다른 나라들로 부터 점점 더 고립되어간다고 인식되던 마오쩌둥 시대에도 중국은 항상 '글로벌'했다고 손쉽게 주장할 수 있다. 하지만 여기서 우리는 '글로벌 차이나'Global China: (대문자 G)라는 개념을 중국과 세계에서 중국이 차지하고 있는 위치, 중국의 국제적 관여에 대한 보다 광범위한 이론적 틀로 적용하고자 한다. 관련하여 우리는 중국의 잠비아 투자에 대한 리칭콴Ching Kwan Lee의 민족지학적 연구로부터 영감을 얻었다. 리칭콴은 그 연구에서 "중국 연구의 경험적 경계를 중국의 국경 너머로 확장할 필요가 있다"고 주장한다.[6]

중국은 세계 발전의 여러 다양한 분야에 거대한 그림자를 드리우고 있다. 그렇기에 중국 연구 분야에서는 중국의 글로벌 강대국으로의 변화를 따라잡기 위해 방법론적 국가주의를 버려야 한다는 문제 제기가 등장하고 있다. 몇 가지 예를 들어보자면, 글로벌 차이나는 외국인 직접 투자, 노동 수출, 지역 간 인프라 구축을 위한 다자간 금융 기관에서부터 중국 시민 사회 단체의 지구화, 글로벌 미디어 네트워크 구축, 고등 교육 분야의 글로벌 합작 투자에 이르기까지 무수히 많은 형태를 취하고 있다. 이러한 외향

방법으로서의 글로벌 차이나

적 발전의 많은 부분이 국내의 압력과 이해관계에서 비롯되었기 때문에 이 대외적 관여의 결과는 체제 안정, 시민 사회의 성장, 국내 경제 구조조정 등 국내에 부메랑 효과로 돌아올 수밖에 없다. 글로벌 차이나를 연구한다는 것은 중국을 넘어 중국을 재구상하고 '중국'의 발전을 세계 다른 지역의 발전과 연결하고 맥락화하며 비교하는 것을 뜻한다.[7]

이러한 방식으로 리칭콴은 중국의 지구적 성격에 대한 우리의 관심의 방향을 재조정하는 동시에 중국의 지구화가 자국의 발전에 미치는 영향을 검토함으로써 대체로 별개의 영역으로 취급되어온 두 영역을 연결시킨다. 우리의 제안은 중국을 의식적이고 의도적으로 지구적으로 위치시킴으로써 이러한 시각을 확장하자는 것으로, 흔히 '중국적인 것'으로만 읽히는 문제들이 실제로는 복잡한 역학 관계와 상호 연계의 결과라는 점을 강조함으로써 중국 국경을 넘어서야 할 뿐만 아니라 세계 속의 중국과 중국 속의 세계를 모두 조명하는 관점이 필요하다는 입장이다. 따라서 우리는 이전에 '중국'을 상상된 실체로 공동구성co-construction해왔던 문제들을 논의해왔거나[8], 지역 연구에서 보이는 전형적 특징인 지역에 대한 강조를 넘어서기 위해 가능한 경로를 추적해왔거나[9], 중국과 세계 경제 사이의 복잡한 얽힘과 상호 의존을 짚어온[10] 다른 학자들의 발자취를 따라 중국 국내의 정치, 경제 및 사회 변화의 문제를 전 세계의 사회경제적, 정치적 발전과 분리하여 해석해서는 안 된다고 주장한다. 많은 사람들이 그랬던 것처럼 중국 국내의 발전이 이제 글로벌 무대에 중요한 반향을 일으킬 정도로 중대한 영향을 미치고 있다고 말하는 것만으로는 충분하지 않다. 중국은 더 넓은 지구적 자본주의 체제의 필수적인 부분으로 읽혀야 하고, 이러한 관점에서 해석되어야 한다는 것이 우리의 의견이다. 즉, 중국을 이해해야만 지구적 자본주의를 이해할 수 있고, 지구적 자본주의를 이해해야만 중국을 이해할 수 있다는 점에서 상당한 개념적, 방법론적 방향 전환이 필요하다.

이 책의 구성

이 책은 지구적 자본주의 체제에 국가와 인민이 밀접하게 얽혀 있는 방식을 조명함으로써 이러한 방향 전환을 위한 로드맵을 제시하고자 한다. 앞서 언급했듯이 우리는 이를 위해 노동권, 디지털 감시 및 사회적 신용 시스템, 신장 위구르족 및 기타 소수민족에 대한 대량 억류, 일대일로 이니셔티브 및 중국의 해외 투자, 학문의 자유라는 현재 중국에 대한 논의에서 자주 등장하는 다섯 가지 주요 쟁점을 둘러싸고 얽혀 있는 관계들을 검토해보고자 한다.

1장에서는 1990년대 중국이 새로운 '세계의 공장'으로 자리매김한 이후 중국 노동 체제의 문제를 살펴본다. 이 장에서 우리는 중국의 노동 착취가 세계적으로 '바닥을 향한 경주'를 촉발했다고 주장하는 사람들과 중국 공산당의 친노동적 수사학을 액면 그대로 받아들이는 사람들 간의 경쟁적 서사에 문제를 제기하며, 중국의 노동 구조가 지구적 자본주의와의 집약적 관계를 통해 형성되는 동시에 또 그 관계를 형성해왔다고 주장한다. 2장에서 우리는 중국의 감시 기술을 사회적 신용 시스템의 렌즈를 통해 살펴보고, 사회적 신용이 중국만의 독특한 형태의 디지털 디스토피아를 상징한다기보다는 빠르게 확장하고 있는 알고리즘 거버넌스와 감시 자본주의의 세계적 궤적에 뿌리를 두고 있으며, 또 한편으로 이에 일조하고 있다고 주장한다. 3장에서는 신장 위구르 지역의 대량 억류 사태를 검토하면서 미국이 주도하는 테러와의 전쟁과 이 사태의 담론적 연관성과 물리적 유사성을 알아보고, 그리고 이렇게 불안한 상황을 조장하는 다국적 기업과 교육 기관의 역할에 대해 개략적으로 설명한다. 4장에서는 중국의 일대일로와 해외 투자 계획들이 어떻게 서구 행위자들이 기존에 제시한 프로젝트, 아이디어, 운영 방식에 기반해 구축되어왔는지 알아보고, 중국의 새로운 제도들이 기존 서구의 모델을 어떻게 모방하고 참조해왔는지를 살펴본다. 마지막으로 5장에서는 중국의 해외 영향력에 대한 논의에서 논쟁의 장이 되고 있는 학계에 대해 자세히 살펴보고, 대학의 신자유주의화가 어떻게 (중국을 포함한) 외부 행위자가 학문의 자유라는 기본적인 원칙을 위협할 수 있는 가능성을 열었는지 개략적으로 설명한다.

중국을 논의할 때 담론적 차원과 물질적 차원 모두에서 중국과 지구적 자본주의의 동역학들을 뒷받침하는 의미 있는 공통점과 상호 연관성을 발견하기 위해 노력하는 것이 그 어느 때보다 중요하다고 우리는 믿는다. 적어도 바로 그 지점이 우리가 여전히 행동할 힘을 찾아낼 수 있는 자원이다. 이 책은 중국의 지구화에 관한 현재의 논쟁에서 가려져 있는 얽힘에 주목하지만, 한편 이 책이 다루는 사례들은 또한 극도로 암울한 더 큰 구조의 일부이기도 하다. 전 세계적으로 우리는 권위주의화, 억압적 기술의 발달, 대량 구금 체제의 일상화와 같은 심각하게 불안한 추세를 목도하고 있다. 이 모든 것에 대한 책임을 중국에 돌리기는 쉽다. 물론 중국의 행위자들이 이 모든 것에서 중요한 역할을 하고 있다는 사실을 부인할 수 없지만, 이러한 추세들은 단지 한 국가에서만 비롯된 것은 아니다. 오히려 중국의 경우는 서로 연결된 지구적 현상, 즉 더 광범위한 힘들에 의해 형성되는 현상을 극적으로 보여주는 하나의 사례일 뿐이다. 이러한 이유로 우리는 본질주의적, 그쪽이야말로주의적, 산파술적 접근법을 넘어 이 암울한 전환을 조장하는 중국의 역할을 주의 깊게 기록하고(그리고 고발하고), 중국의 발전이 다른 지역의 사건들과 어떻게 연결되고 있는지를 강조해야 한다.

1.

지구적 시각에서 살펴본
중국의 노동

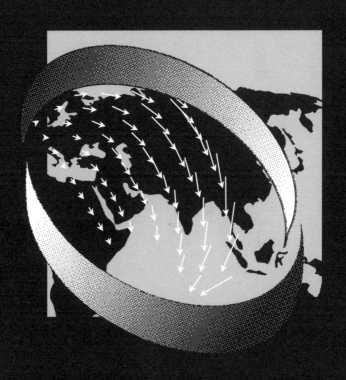

중국의 노동 문제는 지난 한 세기 동안 중국의 글로벌 이미지를 규정하는 데 중요한 역할을 해왔다. 일찍이 1919년 국제노동기구[ILO]의 첫 번째 회의에서는 중국 당국에 사회입법을 채택할 것을 권고했는데, 이는 진정한 인도주의적 우려라기보다는 중국의 대규모 저임금 노동력과의 '불공정' 경쟁으로부터 서구 노동자를 보호하려는 의도에서 비롯된 것이었다.[1] 중화민국 시기의 내분과 일본의 침략, 마오쩌둥 시기의 폐쇄적인 경제 자립 정책 등으로 이러한 우려는 다소 완화되었지만, 1980년대와 1990년대에 중국이 경제 개혁의 길을 걷기 시작하면서 비슷한 우려가 다시 나타났다. 당시 '중국 노동자'는 끔찍한 착취의 희생자로 그려지거나, 어떤 종류의 학대도 감수하며 거의 무보수로 일하려는 의지를 갖고 있기에 서구 노동자들의 고용 안정에 문제를 일으키는 두려운 경쟁자로 묘사하는 서사로 국제 무대에 다시 등장했다. 특히 개혁 시기 중국의 경제 성장은 1970년대 말과 1980년대 초의 토지 개혁으로 발생한 농촌의 막대한 잉여 노동력을 착취했기에 가능했다는 내용이 자주 언급된다.[2] 이 노동자들이 도심 지역으로 이주해 민간 부문의 호황을 뒷받침하게 되면서 장시간 노동, 저임금, 호구 제도의 제도적 차별로 인한 필수 공공 서비스에 대한 접근 부족*, 열악한 작업장 안전 및 보건 환경 등 이들이 겪는 곤경은 중국 경제 기적의 이면을 보여주었으며, 중국이라는 '세계의 공장'이 이 노동력으로부터 잉여가치를 착취하는 데 기반하고 있다는 부정적 평판을 형성하게 되었다.[3]

2001년 중국이 세계무역기구WTO에 가입하면서 중국의 노동 문제는 세계와 더욱 연관성을 갖게 되었다. 선진 세계

---

* 중화인민공화국 건국 이후 중국에서는 농촌에서 도시로의 인구 이동이 대규모 실업을 발생시켜 사회의 혼란을 야기했다. 이에 1958년 호구 제도의 실시를 통해 도시 인구와 농촌 인구를 구분하는 동시에 농촌 인구의 도시로의 이주를 엄격하게 통제했다. 개혁개방 이후 도시로의 이주 제한이 완화되자 농민들은 도시로 이주해 일종의 이주노동자인 농민공이 되었지만 여전히 농촌 호구를 가지고 있기에 도시 시민으로서의 제도적인 복지 혜택을 누리지 못하는 제도적 차별을 겪게 되었다. 2000년대 들어서 점진적으로 호구 제도를 개혁하고 제도적 차별을 완화하고 있는 추세이긴 하나 대도시 지역에서는 농촌 호구를 가진 이들이 도시 호구를 가지기 어려운 것이 현실이다.

에서는 중국의 WTO 가입으로 인해 중국의 '사회적 덤핑'*이 자국 노동자들의 복지를 훼손하고 있다는 노동조합과 정책 입안자들의 질책이 수없이 쏟아졌다. 글로벌 사우스 지역에서는 각국 정부가 중국과의 경쟁에서 앞서나가기 위해 잠재적 투자자들에게 더욱 유리한 조건을 약속하면서 중국은 노동 조건과 관련해 '바닥으로의 경주'를 부채질했다는 비난을 받게 되었다.[4] 하지만 이러한 시각들이 당시 일어나고 있는 현상의 복잡성을 공정하게 설명하는 것은 아니다. 한편으로 이러한 시각들은 중국이 신자유주의로의 세계적 전환과 공산주의 실험의 붕괴로 인해 이미 노동자의 권리와 노동 조건이 침식되고 있는 국제적 맥락에 스스로 편입했다는 사실을 간과하는 경향이 있다. 또 다른 한편으로 중국의 지구적 자본주의 체제로의 진입이 전 세계 노동자들에게 중대한 영향을 미치며 국제 경쟁의 동역학을 크게 변화시킨 것은 사실이지만, 이 시각들은 이 과정에서 중국 스스로도 변화와 적응을 강요받았다는 점을 잘 다루지 않는다. 이 장에서는 이 마지막 측면을 살펴보기 위해 우선 중국 당-국가가 노동법 분야에의 입법 노력에서 직면해야 했던 국제적 압력을 살펴보고, 중국의 풀뿌리 노동 조직의 해외와의 연계 활동을

---

* 국제적 수준보다 낮은 임금과 장시간 노동 등을 통하여 생산비를 적게 들여 생산한 상품을 해외 시장에 싼값에 판매하는 일을 말한다.

강조하며, 마지막으로 중국의 노동 행동주의의 최근 일부 동향을 노동의 현재와 미래에 대한 정치적 절망이라는 더 넓은 맥락에서 어떻게 읽어야 하는지를 논의한다.

중국의 노동법

중국 당국이 국제 시장에서 경쟁 우위를 확보하기 위해 노동자의 권리를 의도적으로 억압하는 것으로 묘사하는 서사는 중국 개혁의 초기 단계에서는 일정하게 타당성이 있었지만, 지난 20년간 노동권 분야에서 당-국가의 정책 결정 노력을 자세히 살펴보면 그렇게만 말하기는 어렵다. 중국의 노동 현장을 약육강식의 법칙이 지배하는 무자비한 경기장으로 생각하는 대중적 인식과는 달리, 중국 당국이 노동관계의 거의 모든 측면을 다루는 인상적인 법률과 규정을 통과시켰다는 사실은 주목할 만하다. 이러한 규제 노력은 일반적으로 중국을 국제 표준에 맞춰 지구적 자본주의 경제로 원활하게 이행시키기 위해 국제 관행에 부합하는 방향으로 진행되었다. 물론 이 규제 조치들이 경제의 구조적 변화(예를 들어 디지털 플랫폼 경제의 출현)를 거의 따라잡지 못하고 있으며, 세부적으로 규제되는 개인의 권리와 완전히 무시되지는 않더라도 체계적으로 축소되고 있는 집단의 권리 사이에 근본적인

방법으로서의 글로벌 차이나

불균형이 존재하는 등 중대한 실행상의 문제를 안고 있다는 점은 사실이다.[5] 하지만 특히 당-국가와 그 기관들이 그 법률과 규정을 대중에게 전파하기 위해 기울인 노력을 고려하면 그 조치들은 결코 무의미한 것이 아니다.

이러한 법으로의 전환은 마오쩌둥 시대의 특징인 계급투쟁과 노동자 우위의 언어를 극복하고 외국인 투자자를 유치하는 동시에 당-국가의 정당성을 강화하기 위한 새로운 규칙 기반 질서를 만들어내려는 중국 당국의 의도적인 노력이라고 할 수 있다.[6] 이러한 방향 전환은 중국의 노동자들에게 복합적인 영향을 미쳤다. 이러한 규제 조치들이 노동자에게 고용주와 지방 관료들에게 대항할 수 있는 새로운 도구를 제공했다는 점은 긍정적인 측면이다. 반면에 이러한 입법 활동이 담론적 차원과 실제적 차원 모두에서 노동 행동주의의 가능성을 좁혀버렸다는 점은 부정적인 측면이다. 담론적 관점에서 볼 때, 노동법의 보급은 노동자의 상상력과 대응 방식들을 제한하는 새로운 법률주의 헤게모니를 확립하여 어떤 요구들이 허용될 수 있고 어떤 요구들이 받아들여질 수 없는지를 지도했으며, 이는 신자유주의 시대를 거치면서 서구의 노동운동이 노동관계에서의 관리주의 주입과 법적 틀을 통해 제약을 받는 방식과 크게 다르지 않은 역학 관계 속에 놓여있다고 할 수 있다.[7] 예를 들어, 이는 오늘날까지도 원자화되어 법적 권리 존중을 요구하는 데 초점을 맞추고 있는 중국의 쟁의 행위의 주요 패턴과 지난 20년간 중국 노동자들을 지원하고자 하는 풀뿌리 조직들이 주로 법률 지원과 보급에 집중했다는 사실에서 확인할 수 있다(뒤에서 살펴보겠지만, 2010년대 중반에 이러한 풀뿌리 조직들 사이에서 단체 협상에 대한 일부 실험이 있었지만 당국은 이를 신속히 중단시켰다).[8] 실제적 관점에서 볼 때, 이러한 법규들은 많은 노동자들의 불만을 허용된 경로를 통해 전달함으로써 더 파괴적인 방식으로 확대되는 것을 방지하거나 적어도 지연시킬 수 있었다. 이는 공식 데이터에서 1994년 노동법 도입 이후 노동 조정 및 중재 건수가 1996년 140,122건에서 2019년 2,119,000건으로 급증한 것에서 잘 드러난다.

그렇다면 중국의 노동법은 중국 노동계급에 대한 당-국가의 의도적이고 성공적인 '정신 공학' 실험을 의미하는가? 대답은 그렇기도 하고 아니기도 하다. 지난 수십 년간 중국에서 통과된 모든 노동 법규의 조항들이 중국 정책 결정자들의 신중한 검토의 대상이었다는 것은 의심할 여지가 없다. 비록 관련한 논쟁이 일반적으로 기술적 문제로 국한되었고 해당 법규가 국가 경제의 현재 발전 단계에 적합한지를 중심으로 이뤄졌지만, 새로운 법이 노동 행동주의에 어떤 영향을 미칠지에 대한 우려는 항상 존재했다. 학자들 역시 중국의 노동

법과 법률 체계가 중국 노동자의 주체성에 어떤 영향을 미쳤는지에 대해서도 광범위하게 연구했다. 예를 들어 일레인 후이Elaine Sio-Ieng Hui는 (그람시적 의미에서) 중국 노동법을 자본주의로 전환하는 과정에서 중국 당–국가가 수행한 거대한 헤게모니 실험으로 설명하면서 이 새로운 법률주의적 담론의 내면화에 따라 중국 노동자들을 유형화했다.9 리칭콴은 2000년대에 들어서 수행한 민족지학적 연구에서 중국의 국유 산업 부문에서 정리해고 당한 나이 든 노동자들이 공공연하게 정치적인 언어와 파괴적인 방법을 사용하는 것과 비교해 중국의 이주 노동자들(농민공)이 합법적인 방식에 의존하고 공식 경로를 통해 항의하는 경향이 더 크다는 것을 보여줬다.10 메리 갤러거Mary Gallagher는 법률 체계에 대한 중국 노동자들의 경험에 초점을 맞춰 중국 노동자들이 이 체계의 비효율성과 불평등에 직면했을 때 어떻게 '환멸'을 느끼고 급진화되는지 기록했다.11 같은 맥락에서 우리는 분쟁에 직접 관여하지 않고 살아가는 대부분의 노동자들이 '잘못된 환상', 다시 말해 법의 구체적 조항에 대해 상당히 막연하게 알고 있지만 노동 쟁의에 연루되면 법률 체계가 자신을 구제해줄 것이라고 믿고 있을 가능성이 높다고 주장했다.12 하지만 중국 당국이 이러한 법을 만들고 제정하는 과정에서 무제한의 자유를 누린 것이 아니라 국내와 해외의 다양한 행위자들

의 이해관계 사이에서 중재해야 했다는 점은 이러한 논쟁
에서 종종 간과되고 있다. 이러한 정책 결정의 역학 관계에
서 우리는 중국의 노동권 문제가 진정으로 지구적인 문제
임을 알 수 있다.

노동계약법의 사례

2007년 중국의 노동계약법이 통과되기까지의 길고 험난
한 과정은 중국의 노동권이 전 지구적으로 얼마나 중요성을
가진 문제인지 보여주는 완벽한 사례다. 1994년 노동법이 통
과된 이후 중국에서 가장 중요한 노동법 개정안인 이 새로운
노동계약법은 수년 동안 중국 학계와 정책 결정 집단 사이에
서 비공개로 논의되어왔다. 두 가지 입장이 논의의 주를 이
뤘는데, 노동자의 권리를 보장하기 위해 노사 관계에 대한
정부의 통제와 개입을 강화해야 한다는 입장과 기존 법률을
더 잘 집행해야 한다는 입장이었다.[13] 2006년 3월 중국 당국
은 전자의 입장으로 강하게 기울어진 법률 초안을 공표하고
대중의 의견을 물었다. 한 달 만에 19만 2,000개 이상의 의견
이 달리는 등 반응은 압도적이었는데, 그중 65퍼센트가 중국
의 공식 노동조합인 중화전국총공회의 기층 조직이 동원한
'보통 노동자'가 작성한 것으로 추정되었다.[14]

중국 내 외국 상공회의소도 이 과정에 적극적으로 참여했으며, 이들의 관여는 중국 및 해외에서 가장 큰 관심을 끌었던 내용 중 하나였다. 특히 상하이 주재 미국 상공회의소 AmCham, 미중 기업협의회USBC, 주중 유럽연합 상공회의소 EUCham는 이 법률 초안에 대해 매우 비판적인 의견을 제출했다. 이 의견서에서는 일련의 기술적 사항 외에도 외국인 투자자의 눈에서 중국의 새 노동계약법이 중국 시장의 매력을 감소시킨다는 점이 강조되어 있었다. 가장 큰 우려는 노동계약법이 노동 비용 상승으로 이어질 것이라는 점이었다. 2006년 4월 26일, 당시 주중 유럽연합 상공회의소 회장은 《사우스차이나모닝포스트》의 한 기자에게 "새로운 노동계약법 초안의 엄격한 규제는 고용의 유연성을 제한할 것이며, 결국 중국 내 생산 비용의 증가로 귀결될 것이다. 생산 비용의 증가로 외국 기업들은 중국에서의 신규 투자나 기업 활동 지속을 재고하게 될 것이다"라고 직설적으로 의견을 표명했다.[15] 기존의 법안이 제대로 시행되지 않는 상황에서 새로운 규정을 제정하는 것은 무의미하다는 주장도 있었다. 2006년 3월 주중 미국상공회의소가 제출한 의견서에는 다음과 같은 내용이 있었다.

중국의 노동 문제와 관련해서는 노동 관련 법규가

노동자를 보호하지 못하는 것이 아니라 법이 충분히 지켜지지 않고 있다는 사실이 가장 큰 문제다. … 이렇게 오랫동안 해결되지 못한 문제를 풀기 위해서는 주로 완전한 법 집행 절차를 수립하고 법 집행을 강화하며 기존 조항을 시행하되, 기업의 기존 의무 외에 과도하게 높은 요구 사항을 제시하거나 기존 법질서를 파괴하지 않아야 한다. 그렇지 않으면 '법을 위반한 자는 처벌받지 않고 법을 준수한 자는 처벌받는' 비정상적인 상황이 더 악화될 수밖에 없다.[16]

결정적으로 이 법은 현재 중국 경제 발전 단계를 고려할 때 적절하지 않다고 간주되었다. 2006년 4월 주중 미국상공회의소의 한 대표가 전국인민대표대회 상무위원회에 보낸 의견서에는 다음과 같은 내용이 있었다.

원자바오 총리가 정확하게 지적했듯이 중국은 여전히 개발도상국이며, 현 단계에서는 경제 발전에 주요 초점을 두고 있습니다. 법을 제정하고 개정함에 있어 선의와 성급하게 설정한 목표가 아니라 중국의 구체적인 상황이 출발점이 되어야 합니다. … 오늘날 경쟁이 치열한 세계 경제 속에서 중국 노동자의

방법으로서의 글로벌 차이나

복지는 노동법이 보장하고 있는 보호 제도뿐만 아니라 그들이 일하는 기업의 생존과 지속적인 성장에도 달려 있습니다. 달걀을 얻겠다고 닭을 잡는 것은 현명하지 않은 처사입니다.[17]

국내 기업과 해외 기업 모두로부터 이러한 반발에 직면한 중국 당국은 법률 초안을 상당 부분 수정했다. 특히 노동조합과 관련한 조항들을 살펴보면 이는 명백한 사실이다.[18] 2006년 3월 초안에는 적어도 사용자와의 협상에서 노동조합의 역할을 강화할 수 있는 두 가지 조항이 포함되어 있었다. 첫 번째는 피고용자의 이해관계에 직접적으로 영향을 미치는 회사 정책과 내부 규정을 노동조합과 논의하고 승인을 받아야 한다는 조항이었다. 두 번째는 노동계약의 근거가 되는 객관적 상황이 급변하여 노동계약의 이행이 불가능하고 50명 이상의 피고용자를 해고해야 하는 경우, 사용자는 해고 계획을 실행하기 전에 노동조합 또는 전체 직원에게 상황을 설명하고 합의를 도출해야 한다는 의무를 부여한 조항이었다. 중국의 기층 노동조합은 구조적으로 매우 취약하여 이러한 새로운 권리가 주어지더라도 경영권에 위협이 되지 않을 것이 분명함에도 불구하고 두 조항은 대폭 수정되었다. 최종안에는 내부 규정에 대한 노조의 거부권이 삭제되었을 뿐만 아니라, 회사가 최소 20명 이상의 노동자 혹은 전체 노동 인력의 10퍼센트 이상을 해고할 경우에만 노조의 의견을 물어야 한다고 명시되어 있었다. 이와 같은 방식으로 무고정기간 노동계약, 경쟁 업종 취업 제한, 노동계약 체결 등 민감한 사항에 대한 다른 조항들도 기업 단체의 관점을 수용하여 상당 부분 수정되었다.

중국의 새 노동계약법은 처음에는 글로벌 금융위기의 발생으로 약화되었고 이후 중국 노동시장의 구조적 변화로 인해 시대에 뒤떨어지게 되었는데[19], 이 법의 시행을 둘러싼 문제들을 자세히 살펴보지 않더라도 여러 이익 집단 간의 위와 같은 긴장 관계는 수차례에 걸쳐 분명하게 드러났다. 국가 차원에서 중국 당국은 2012년 7월 파견 노동에 초점을 맞춘 노동계약법 개정 초안을 발표했는데, 한 달 만에 55만 7,243건의 의견이 쏟아졌다.[20] 10월에 중국 언론들이 중국 국유 기업들이 규제받지 않는 근로자 파견 제도를 유지하고자 압력을 가하고 있다고 보도한 바 있기에 연말에 개정안이 실제로 통과된 것은 놀라운 일이었다.[21] 지역 차원에서 광둥성 당국은 2010년 노동자들이 고용주와 단체 협상을 할 수 있는 권한을 대폭 강화하는 새로운 규정 제정을 추진하여 노동운동의 파고를 낮추려고 시도했다.[22] 광둥성 당국이 성 차원에서 진정한 단체 임금 협상의 토대를 마련할 수 있는 '기업민

방법으로서의 글로벌 차이나

주관리 조례'제정을 논의하자 선전시 당국은 단체 협상에 관한 시 조례의 입법 절차에 속도를 내기로 결정했다. 두 법안 모두 빠르게 통과될 것으로 예상되었지만 몇 주 만에 정치적 의제에서 사라졌다. 학자와 노동운동가들에 따르면, 이러한 방향 전환은 광둥 지역에 막대한 경제적 이해관계를 가진 홍콩의 기업 단체로부터의 압력 때문이었다. 이 홍콩상회는 영국 식민지 시절부터 긴 역사를 가진 언론에 비판적인 의견을 표명하는 지면을 확보해 법안들에 대한 불만을 공개적으로 드러냈다.[23]

이러한 기업가들의 불만이 중국 당국의 최종 결정에 얼마나 큰 영향을 미쳤는지에 대해서는 논쟁의 여지가 있다. 하지만 이 사례들은 최소한 두 가지 이유에서 매우 중요하다. 첫째, 이 사례들을 볼 때 이 분야의 정책 수립에 대한 궁극적인 권한은 당-국가에 있지만 이 모든 법과 규정은 복잡한 협상의 결과이며, 글로벌 기업들을 포함해 다양한 이해관계자들의 의제 사이에서 균형을 맞추는 것임이 분명하다. 둘째, 이 사례들에서 글로벌 자본이 중국에 노동 기준을 낮추도록 압력을 가하는 것을 보면, 중국 노동이 지구적 차원에서 바닥으로의 경주로 내몰고 있다는 서사는 완전히 뒤집어진다.

지구화하는 행동주의

중국의 노동과 세계의 또 다른 중요한 마주침은 노동 행동주의의 영역인 풀뿌리 차원에서 이뤄졌다. 오늘날까지 중국에서 합법적으로 허용되는 노동조합은 레닌주의 노선에 따라 조직된 대중 조직인 중화전국총공회ACFTU: 中華全國總工會 단 하나이며, 노동계급과 당-국가 사이의 '전달 벨트' 역할을 하게 되어 있다.[24] 중화전국총공회는 서류상으로는 약 3억 명의 조합원을 보유하고 있지만, 관료와 기업의 관리자들에 대한 구조적 종속성 때문에 조합원의 이익을 대변하지 못하는 무능력으로 악명이 높아 노동자의 대표권에 공백이 발생하고 있다. 1980년대 내내 개혁으로 인해 국유 부문 노동자들의 복지와 고용 안정성이 약화되고 이촌향도離村向都 현상이 급속히 늘어나면서 불만이 끓어올랐으며, 1989년에 이르러 노동자들은 학생들이 주도하는 민주화 시위에 집단적으로 참여했고 독자적인 노조를 설립했다.[25] 그에 따른 탄압은 과도하게 노동자들을 표적으로 삼았으며, 극히 일부 예외를 제외하고는 이후 몇 년 동안 노동운동은 쇠퇴의 길을 걸었다.[26]

1990년대 중반부터 상황이 바뀌기 시작했고, 이 역사적 국면에서 중국의 노동 행동주의에 내재된 세계와의 연관성

방법으로서의 글로벌 차이나

을 인지하게 되었다. 이와 관련해 두 가지 사건이 두드러진다. 첫째, 1993년 선전에 위치한 홍콩 소유의 작은 장난감 공장에서 화재가 발생하여 대부분 젊은 여성인 이주 노동자 87명이 목숨을 잃은 사건이다.[27] 홍콩의 노동 NGO들은 이 비극적인 사건을 공론화했고, 선진국의 대형 브랜드 장난감 회사들이 아시아의 하청 업체 공장에서 벌어진 착취에 연루되었다는 사실을 알리는 국제적인 캠페인을 벌였다. 이로 인해 국제 장난감 업계가 홍콩의 노동 NGO들이 작성한 행동 강령을 인정하게 되었을 뿐만 아니라, 현지 및 국제적 차원에서 중국 공장의 노동 조건에 대한 정밀한 국제 감시가 강화되었다. 둘째, 중국 당국이 1995년 베이징에서 유엔 제4차 세계여성회의를 개최하기로 결정한 것은 노동 문제에 초점을 맞춘 새로운 유형의 NGO를 포함해 중국 시민 사회 발전의 새로운 단계의 시작을 알리는 신호였다.[28]

초창기 노동 NGO가 젠더 문제에 중점을 둔 반면, 1990년대 후반에는 농촌 출신의 이주 노동자들의 어려운 처지에 초점을 맞춘 단체들이 등장했다. 이 일군의 조직들은 2000년대 후반 후진타오-원자바오 정부하에서 당-국가가 새롭게 내세운 조화사회 담론으로 생겨난 정치 환경의 틈새를 이용해 더욱 성장했다. 이 조직들은 국제 시민 사회와 밀접한 관계를 맺고 있었으며, 실제로 대부분의 자금을 국제 기부자들로부터 조달하고 있었다. 이는 이 조직들이 지리적으로 대사관과 국제 재단이 많은 베이징과 시민 사회가 활발한 홍콩에 인접한 광둥성에 집중되어 있었다는 점을 고려하면 명백한 사실이라고 할 수 있다. 노동 문제가 본질적으로 민감했기에 이 노동 NGO들은 비영리단체 등록이 거의 허용되지 않았으며, 일반적으로 상업등기를 하거나 아예 등기 조치를 하지 않아 주기적으로 벌어지는 당국의 단속에 취약했다.[29] 이 단체들은 주로 네 종류의 활동에 관여했다. 교육 및 여가 활동 조직을 위한 노동자 센터 설립, 노동권에 대한 정보 보급, 사회 조사와 정책 창도, 법률 상담 및 경우에 따른 소송 대리 진행 등이었다.[30] 중요한 것은 이 조직들이 이러한 모든 활동에서 당-국가의 법적 권리에 대한 개인주의적 언어를 조심스럽게 재생산하려고 노력했다는 점인데, 이는 부득이한 결정이었지만 상당한 비판을 받았고, 특히 이 전략이 노동자 연대를 약화시키는 부작용을 낳았다고 주장하는 학자들로부터 많은 비판을 받았다.[31]

2010년대 초, 일부 노동 NGO는 이러한 법률주의적 접근을 넘어 노동자들의 광범위한 이익을 보호하기 위한 새로운 전략으로 단체교섭集體談判을 내세우기 시작했다.[32] 이 조직들은 집단 쟁의에 공개적으로 개입하기 시작했고 노동자들에게 고용주와 맞설 대표를 직접 선출하는 방법을 교육했는

방법으로서의 글로벌 차이나

데, 이는 중국 노동계급의 역량 강화를 향한 중요한 진전이었다. 그 전까지 단체교섭은 중화전국총공회의 영역으로 남아 있었는데, 고용주와 피고용인이 동일한 이해관계를 공유한다는 가정하에 공식 노조가 전적으로 담당하는 형식주의적 교섭 방식인 '단체협상'集體協商으로 약화되어 있었다. 이경우에도 이러한 변화가 전 세계 시민 사회, 특히 홍콩에 기반을 둔 저명한 노동 NGO 단체인 '중국노동회보'中國勞工通訊:China Labour Bulletin의 지지를 받았다는 점이 주목할 만하다.[33] 2015년 말 (그리고 그 후 몇 년 동안) 중국 당국이 이 노동 NGO들을 단속했을 때, 중국 당국은 이 단체의 활동가들이 해외와 연계되어 있다는 점을 강조했는데, 관영 언론을 통해 해외에서 불법적으로 유입된 자금 횡령 혐의와 국가의 혼란을 조장하는 '적대적 외국 세력'과의 연관성을 중심으로 비방 캠페인을 벌였다.[34]

노동 NGO에 대한 탄압은 정치적으로 민감한 분야에서 활동하는 지역 NGO와 활동가들에 대한 당-국가의 광범위한 공격의 맥락에서 이뤄졌으며, 이 단체와 활동가들 대부분은 해외로부터 재정 지원을 받고 국제 시민 사회와 긴밀한 관계를 맺고 있었다. 이러한 의미에서 근본적인 조치는 2016년 4월 '중화인민공화국 해외 비정부조직의 국내 활동 관리법'中華人民共和國外非政府組織境內活動管理法이 통과된 것으로, 이

법은 무엇보다도 이러한 단체와 개인의 해외 자금에 대한 접근 제한을 목표로 삼았다.[35] 지난 몇 년간 우리가 목격한 것은 중국의 당-국가가 국제적 유대 관계를 단절시켜 중국의 시민 사회를 소위 '정화'淨化시키려는 체계적인 시도였다. 이는 그 자체로 중국의 노동 NGO의 글로벌한 성격을 보여주는 증거라고 할 수 있다.[36] 그러나 시민 사회에 대한 이러한 거부 반응이 중국에만 국한된 것이 아니라는 점도 주목할 필요가 있다. 우리는 시민 사회에 대한 보다 제한적인 법률과 주기적인 단속을 정당화하기 위한 명분으로 '색깔혁명'의 유령을 자주 들먹이는 몇몇 권위주의 또는 준권위주의 국가들에서 이와 유사한 동역학을 목격하고 있다. 더 우려스러운 것은 이 국가들뿐만 아니라 많은 자유민주주의 국가에서도 적대적인 해외 세력의 사회 침투와 포섭에 대한 두려움이 점점 더 널리 퍼지게 되면서 이와 비슷한 동역학이 나타나고 있다는 것이다. 지역 및 국제 NGO들이 변화하는 환경에 적응하고 기부자와 활동 지역 국가의 정부 양쪽으로부터 오는 정치적 제약을 헤쳐 나가기 위해 분투하는 가운데, 글로벌 시민 사회의 미래는 그 어느 때보다 불확실해 보인다.

방법으로서의 글로벌 차이나

암울한 예감들

이 장에서 논의한 내용들이 중국 노동의 지구적 차원의 연관 관계들을 모두 설명하지는 못한다. 중국의 ILO와의 기술적 협력이나 (예를 들어 가장 최근에 EU가 획기적인 투자 협상을 진행하기 위해 중국에 강제노동에 대한 ILO 협약 비준을 요구한 사례처럼) 노동권이 외교적 도구로 사용되는 양상, 초국적 기업이 중국 공급 업체에 요구하는 다양한 기업의 사회적 책임 의무, 중국의 노동 비용 상승에 의한 노동집약적 산업 내 공급망의 급격한 재배치 과정 등에 관해서 더 많은 것을 논의할 수 있을 것이다. 그러나 이 모든 것이 시사하는 바는 단 한 가지 사실로 오늘날 중국에서 노동권과 노사 관계와 관련된 문제들이 지구적 자본주의 체제와 깊이 얽혀 있다는 것이다. 그 사실은 중국이 '바닥으로의 경주'를 통해 지구적 차원에서 주도적으로 노동 기준을 끌어내리는 것뿐만 아니라 중국이 지구적 자본주의에 적응하고 국제적 압력에 굴복하며, 보다 광범위한 추세를 따르는 동시에 세계시장으로의 통합을 통해 가장 많은 자본을 축적할 수 있는 노동 체제를 만들어 내려는 노력에 관한 것이기도 하다.

중국이 '단위'單位 체제*와 평생 고용('철밥통'鐵飯碗)을 통해 대안적인 직업 모델을 제시하던 시대는 이미 오래전의 일이다. 조엘 안드레아스Joel Andreas가 지적했듯이 마오쩌둥 시기 중국은 도시 주민들에게 다른 어떤 나라보다도 더 평생 고용을 제공했으며, 일터를 가장 중요한 거버넌스의 장소로 만들었다는 점에서 20세기 여러 공산주의 프로젝트 가운데 가장 돋보였다.[37] 그러나 40년 동안의 경제 개혁으로 이 모델은 완전히 해체되었다. 1970년대 말 첫 경제특구 실험부터 1980년대부터 시작된 농촌 노동자의 도시 대량 이주, 1986년 노동 계약제 도입부터 1990년대 국유 기업 노동자들의 해고 물결에 이르기까지 마오쩌둥 시기 노동 정책의 유산은 체계적으로 해체되었다. 이러한 체제 이행의 사회적 결과가 감당할 수 없게 되어 체제 전체의 안정을 위협하게 되자, 그 사후 대책으로 겨우 기본적인 사회 보장 정책을 마련했을 뿐이었다. 동시에 국가와 기업의 '주인'으로서의 노동자라는 정치적 담론은 앞서 설명한 것처럼 '법적 권리'라는 온건하고 기술적인 언어로 대체되었다. 그 결과 오늘날 중국 공산당은

---

* 단위는 사회주의 시기 중국 도시 지역의 사회 관리의 기본적인 틀로 개별 직장을 의미하는 단어다. 중국은 단위에 소속된 노동자에게 비록 저임금이지만 평생 고용을 보장했으며, 역시 낮은 수준이지만 주택, 양로, 의료 등과 같은 사회보장 혜택을 제공했다. 하지만 개혁개방 정책으로 도시의 단위 체제는 점차 해체되기 시작했고, 1990년대 중반부터 국유 기업 개혁이 이뤄지며 그 과정에서 중국식 정리 해고가 이뤄져 실직자가 급증하기도 했다.

방법으로서의 글로벌 차이나

여전히 '중국 노동계급의 선봉대'를 자처하고 중국 헌법은 여전히 노동의 미덕을 찬양하고 있지만, 대다수 중국 노동자에게 안정적인 고용은 신화가 되었다. 전 세계 다른 지역과 마찬가지로 중국에서도 극심한 불안정성이 표준이 되었다.

평생 고용이라는 혁명적 공약을 내걸었던 중국은 이제 노동자를 단순한 '호모 이코노미쿠스'로 전락시키는 원자화된 노동이라는 신자유주의적 꿈의 최전선에 서 있다. 이는 두 가지 측면에서 가장 두드러지게 나타난다. 첫째, 앞서 언급했듯이 중국 노동조합은 구조적 한계로 인해 무력하며, 동시에 노동조합의 지원을 받는 당-국가는 노동 대표성 독점에 가장 기본적인 위협이 되는 모든 형태의 노동 행동주의, 즉 단체교섭을 시도하는 노동 NGO나 노동자들의 연대를 강화하려는 개인 활동가들을 강력하게 탄압해왔다. 중국의 사례가 극단적인 것은 사실이지만, 이는 1980년대부터 시작된 또 다른 세계적 추세, 즉 노동조합의 관료화와 노동자의 집단적 힘의 약화를 보여주는 징후라고 할 수 있다. 둘째, 중국은 '신경제'New Economy 분야에 있어서는 선구적이다. ILO의 추산에 따르면, 2019년 중국의 디지털 플랫폼 경제에 직접 고용된 노동자는 약 623만 명에 불과하며, 이는 이 부문 전체 노동자 약 8000만 명의 8퍼센트에도 미치지 못하는 수치다.[38] 또 다른 통계 수치에 따르면 중국의 디지털 경제에 종사하는 인원은 1억 8000만 명에 달하며, 이는 중국 전체 노동자의 거의 4분의 1에 해당한다.[39] 중국 당-국가가 이들을 보호하려 규제 장치를 개정하기 위해 고투하는 가운데[40], 불가능한 노동 리듬에 종속되어 있는 배달 노동자들이든, 불가능한 노동 시간의 압박을 받는 첨단 기술 기업 직원이든 이 분야의 노동자들은 세계의 다른 노동자들과 마찬가지로 끔찍한 노동 조건 때문에 국내외 뉴스에 가장 자주 등장하고 있다.

10년 전, 중국의 노동 현장에서 최악의 과잉 착취를 대표하는 것은 주요 글로벌 브랜드(가장 유명한 브랜드로는 애플)의 일부 제품을 생산하는 전자제품 위탁 제조업체인 대만의 폭스콘Foxconn이었다. 2010년에 폭스콘은 중국에서 약 100만 명의 노동자를 고용하고 있었는데, 중국 및 세계 언론은 폭스콘에서 그 해에만 18명의 노동자들이 자살을 시도한 사건(그중 14명은 사망했으며, 이들은 모두 17세에서 25세 사이의 젊은 농촌 출신 이주 노동자들이었다)을 대대적으로 보도하고, 이 노동자들이 시달리고 있는 소외된 노동 환경을 폭로했다.[41] 최근에는 배달 노동자와 첨단 기술 기업의 사무직 노동자와 같은 새로운 직업군의 노동 조건이 주목받고 있다. 과거에 뉴스를 장식했던 노동자들과 오늘날 뉴스에 나오는 노동자들이 다른 점은, 비록 폭스콘이 노동자들 간의 연대 가능성을 무너뜨리려고 온갖 노력을 다했지만, 그럼에도 불구하고 폭스콘 노동자들은 공동 시설에서 생활하고 고생했기 때문에 적어도 경험을 나누고 어려움을 논의하며 자신들이 하나의 집단이라는 감각을 키워나갈 수 있는 기회를 가졌다는 점이다. 플랫폼 디지털 경제에 종사하는 노동자들은 이런 기회마저도 가질 수 없는 경우가 대부분이다. 이 노동자들은 자신들이 노동하는 부문의 구조로 인해 원자화되어 있다. 게다가 당-국가는 계급 연대 의식을 고양하려는 극소수 활동가들을 억류해 노동자들이 계속 원자화된 상태로 남아 있게 만들고 있다. 대표적으로 배달노동자 네트워크를 조직해왔던 배달노동자 천궈장陳國江은 2021년 초 베이징에서 구금되었는데, 회사의 부조리를 폭로하고 동료 노동자를 지원한 그의 활동은 당국에 의해 '싸움을 걸고, 문제를 일으켰다'는 모호한 범죄 혐의로 기소되었다.[42]

이러한 맥락에서 2021년 중국 청년들이 '탕핑'躺平*을 선택하고 있다는 것, 즉 오늘날 신자유주의적 노동 현장의 과잉 경쟁을 완전히 거부하거나 소극적 저항에 기대기로 했다

---

* 직역하면 '평평하게 드러눕다'라는 뜻으로 드러누워 아무것도 하지 않는 것을 의미한다. 2021년 중국 온라인에서 청년 담론의 하나로 등장해 과잉 경쟁으로 인한 희망 없는 미래와 절망적인 자신들의 처지를 풍자하는 뜻으로 사용되었다. 한때 한국의 온라인에서 유행하던 문구인 "아무것도 안 하고 싶다. 이미 아무것도 안 하고 있지만 더 격렬하고 더 적극적으로 아무것도 안 하고 싶다"와 유사한 의미를 가지고 있다고 볼 수 있다.

는 뉴스 보도를 접하는 느낌은 상당히 회의적이다.[43] 논평가들은 이런 상황에서 중국 노동자들의 또 다른 '각성'이 임박했다는 징후를 보고 싶어 하지만, 이 경우에는 10년 전 많이 논의되었던 2세대 농민공들이 주역이었던 노동자들의 '각성'과는 달리 대부분 사무직 노동자들이며, 여기에서는 패배의 징후를 목도하고 있다. 집단적으로 조직할 수 있는 현장이 없을 때, 정치적 상상력이 남아 있지 않을 때, 다른 모든 것이 실패할 때 사람들은 '탕핑'을 선택하거나 다른 형태의 약자의 무기에 의존하게 된다. 그리고 많은 사람들이 이러한 현상에서 기대감을 가지고 있다는 사실은 중국뿐만 아니라 신경제가 예고하는 멋진 신세계 속에서 노동이 처한 곤경을 더 잘 보여줄 뿐이다. 안타깝게도 오늘날의 신자유주의 세계에서는 노동 행동주의의 기준이 너무 낮아져서 '탕핑' 조차도 혁명적인 행위가 되어버렸다. 노동권과 노동자의 저항과 관련한 이러한 상황을 전적으로 '중국'만의 현상으로 보는 대신 중국 노동자의 곤경에 대해 논의할 때 우리가 실제로 세심히 탐구해야 하는 것은 바로 지역의 동역학과 지구적 추세 간의 연관 관계와 변증법적 상호작용이다.

2.

디지털 디스토피아

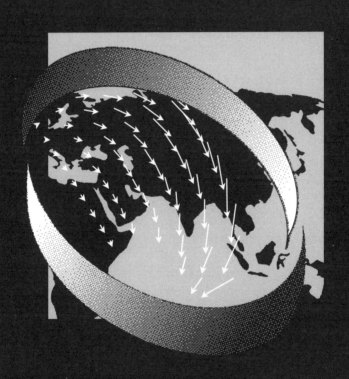

중국에서 원자화된 플랫폼 노동의 확산은 중국을 비롯한 다른 지역에서 디지털 영역의 또 다른 우려스러운 상황들과 겹친다. 최근 몇 년 동안 인터넷과 정보통신기술ICT이 자유, 계몽, 민주주의의 새로운 시대를 여는 '해방의 기술'이라는 약속에 크게 부응하지 못했다는 사실이 점점 더 분명해지면서, 디지털 기술의 발전상을 묘사하는 데 있어 첨단 기술을 통한 암울한 형태의 감시와 사회 통제의 출현이라는 유령이 가득 떠돌고 있다. 5G에서 안면 인식 기술에 이르기까지, 권위주의적인 기술이 개발되는 중심지이자 억압적인 기술이 등장해 (당국의 권위주의적 체제와 더불어) 전 세계로 수출되는 시작점으로 묘사되면서 사악한 기술 전환에 대한 세계의 상상의 중심에 중국이 서 있다. 사회이론가 벤저민 브래

2. 디지털 디스토피아

튼Benjamin Bratton의 말을 빌리자면1, "서구에서 중국은 이제 기술과 너무 깊이 연관되어 있어서 기술에 대한 불안감이 중국에 대한 불안감으로 투영되고, 그 반대도 마찬가지여서 중국에 대한 불안감이 어느 정도는 기술에 대한 불안감으로 투영되고 있다."

디지털 기술이 부패하고 비자유주의적인 힘으로 변질된 근원지로 중국을 묘사하는 것은 서구의 정치, 언론, 대중 담론에 널리 퍼져 있으며, 이러한 경향은 시민, 기업, 조직의 사회경제적 활동을 감시하기 위해 '사회적 신용 시스템'을 개발하려는 중국의 야망을 논의할 때 최고조에 이른다. '중국이 디지털 전체주의 국가를 발명했다'2와 같은 헤드라인을 내건 잡지 《이코노미스트》나 미국의 백신 여권에 대해 '권위주의 좌파'들이 추진하는 '중국식 사회적 신용 시스템'이라고 주장한 도널드 트럼프 같은 인물들의 트위터만 봐도3 사회 및 경제 영역에서 개인의 참여를 감시하고 제한할 가능성을 내재한 중국 주도의 디지털 혁신이라는 관념을 둘러싼 실존적 두려움을 느낄 수 있다. 이처럼 사회적 신용은 중국이 서구의 현재 사회경제적 질서를 뒤엎고 부패한 권위주의적 디지털 실존 양식으로 서구 사회를 '감염'시킬 것이라는 상상과 더불어 글로벌 무대에서 중국의 출현을 둘러싼 공포를 더 강하게 드러내고 있다.

방법으로서의 글로벌 차이나

이와 같이 사회적 신용은 현대 중국의 권위주의적이고 비자유주의적인 맥락에서 비롯되었지만 전 세계로 확산되어 개인, 기업, 국가 간의 관계를 재구성하고 사생활에 대한 우리의 기대치를 재코드화하는 디스토피아적 미래의 시작을 의미하게 되었다. 그러나 이렇게 사회경제적 활동과 도덕적 행동을 보다 쉽게 분류, 감시, 표준화하고, 궁극적으로는 정량화하기 위해 새로운 기술과 빅 데이터 및 대안적 형태의 데이터를 활용하려는 시도는 중국의 권위주의적 모델에서 얼마나 독특한 것일까? 이 장에서는 중국의 사회적 신용 시스템을 보다 넓은 맥락에서 살펴보고, 사회적 신용 담론과 그 실천이 경제적 리스크를 평가하고, 경제 활동을 규제하며, '신용도'라는 자본주의적 개념을 사회적으로 설계하려는 세계적 시도의 맥락에서 이뤄지고 있는 방식을 설명함으로써 이 질문에 답하고자 한다.

신용을 사회적으로 만들기

그렇다면 사회적 신용이란 무엇이며, 새로운 형태의 데이터 기반 거버넌스와는 어떻게 연결되는 것일까? 서구의 담론에서 사회적 신용은 포괄적이고 기술적으로 정교한 빅 데이터 기반의 평가 장치로, 사회적, 경제적 활동에 따라 사람

2. 디지털 디스토피아

들의 점수를 매기고 이를 바탕으로 사회경제적 참여를 유도하거나 제한하는 것으로 획일적으로 묘사된다.[4] 그렇기에 이를 디스토피아 SF 드라마인 〈블랙 미러〉*의 에피소드에 비유하거나, 유교 윤리의 새로운 발현이나 마오쩌둥 시기 사회 감시의 목표 실현 등 전통적인 중국적인 것의 연장선으로 묘사하는 경우가 많다.[5] 이처럼 사회적 신용은 오리엔탈리즘적 관점에서 고유의 전체주의적 역사를 지닌 동시에 새로운 디지털 기술 개발의 최전선에 있는 현대 중국의 특정한 권위주의적 맥락에서 나타날 수 있는 암울한 디지털 기술의 남용으로 묘사된다. 단적인 예로 《이코노미스트》의 다음과 같은 기사를 살펴볼 수 있다. "서구에서도 사람들이 일상생활을 하면서 남기는 데이터가 구글이나 페이스북과 같은 기업들에 의해 수집되고 있다. 이러한 데이터에 접근할 수 있는 이들은 일반적인 사람들이 스스로에 대해 아는 것보다 더 많은 것을 알게 될 것이다. 하지만 서구에서는 특히 국가가 관여하는 경우라면 이에 대한 규정이 있을 것이다. 반면 중국에서는 이러한 감시가 디지털 디스토피아를 초래할 수 있다."[6]

이러한 형태의 본질주의적 주장은 서구에 비해 중국에서

---

* 2011년부터 방영 중인 SF 옴니버스 드라마로 주로 미디어와 정보기술의 발달이 인간에게 미치는 부정적인 면을 다루는 에피소드들로 이뤄져 있다.

빅 데이터·대체 데이터* 중심의 대량 감시 체제를 구축하는데 장애물이 적다는 일면의 사실을 담고 있기 때문에 설득력을 가질 수 있다. 그러나 이러한 주장은 서구와 중국 사이에 잘못된 이분법을 전제함으로써 중국의 특정한 관행이 국가나 정치 체제를 넘어서서 지구적 차원의 변화와 경향을 형성하는 중요한 방식을, 더불어 지구적 차원의 특정한 변화와 경향이 중국에 미치는 영향을 놓치게 한다. 다시 말해, 이러한 본질주의적 주장은 사회경제적 리스크를 평가하고 경제적 도덕성을 공학적으로 설계하는 기존 방식을 기반으로 중국의 사회적 신용 실험이 구축되고 진화하는 양상들뿐만 아니라 지구적 차원에서의 유사점과 연결점들을 이해하기 어렵게 만든다. 이 양상과 유사점, 연결점들이 중국의 사회적 신용의 동역학과 이것이 중국 안팎의 사람들에게 미치는 영향을 이해하는 데 매우 중요한 요소임에도 불구하고 말이다.

중국의 사회적 신용의 전체적인 파급 효과를 제대로 파악하기 위해서는 권위주의적 사회 통제에만 초점을 맞추는 것을 넘어설 필요가 있다. 중국의 정책 결정자들이 사회적 신

---

* 해당 분야의 산업 영역에서 기존에 활용하지 않았던 다른 데이터 소스들을 활용해 기존의 소스에서 얻은 정보를 보완하는 데이터를 말한다. 예를 들어 개인의 대출 리스크를 평가하기 위해 통신비, 난방비 등을 비롯한 다른 영역의 비금융 정보를 활용하기도 하고, 주식 거래 시 등락을 예측하기 위해 기존에는 고려하지 않았던 소셜 미디어, 소비자 거래 내역, 위치 정보 등과 같은 비재무적 정보를 활용하는 방식 등이 있다.

용을 주민 감시를 위한 도구로 간주하는 것은 부인할 수 없는 사실이지만, 주민 감시가 사회적 신용 시스템의 유일한 야망은 아니다. 사회적 신용은 특히 농촌 지역에서 배제당하고 주변화된 사람들을 공식적인 사회경제 체제로 통합시키려는 중국의 실험에서 나온 결과물로도 볼 수 있다. 1990년대와 2000년대 내내 중국 정부는 국제 금융 기관 및 글로벌 마이크로파이낸스 운동*에서 영감을 얻어 이와 연계하여 수많은 소액금융 및 포용금융 정책을 추진했다. 예를 들어 소액 금융프로그램 수립을 지원하고 포용금융을 촉진하기 위한 기관인 중국 소액금융협회는 씨티은행 및 기타 국제 금융 기관의 지원을 받아 중국 사회과학원에 설립되었다.7 그러나 배제된 개인, 집단, 지역을 공식 경제에 통합하려는 이러한 시도에도 불구하고 리스크 평가를 위한 신용 정보의 부족으로 대출 병목 현상은 부분적으로 지속되었다. 이처럼 중국에서는 경제 체제의 기능을 개선하고 이를 추적 관찰하기 위해 시민, 기업, 사회조직의 경제 활동 감시를 효율화하자는 논의가 세기 초부터 이어져왔다.8 이러한 논의는 2014년 국무원이 2020년까지 전국적인 사회적 신용 시스템을 구축할 계획을 담은 요강을 발표하면서 훨씬 더 구체적인 형태

---

* 금융 기관 접근이 어려운 빈곤 계층 및 사회적 취약 계층에게 소액 대출 등을 비롯해 다양한 금융 서비스를 제공해 경제적 자립을 돕고자 하는 취지를 가지고 있다.

로 발전했다. 이 상급 정책 문건은 모든 시민의 신용 기록과 정보를 수집하는 동시에 성실과 신용 문화를 장려하는 시스템을 구축하기 위해 취해야 할 조치에 대한 개요를 설명하고 있다. 이 시스템의 궁극적인 목표는 상업 활동과 사회경제적 발전을 촉진하는 것이다.[9]

2020년까지 전국적으로 통합된 시스템을 구축한다는 목표에도 불구하고 사회적 신용 시스템은 아직 완전히 통합되거나 중앙 집중화되지 않았다. 중국의 대부분의 정책 체계와 마찬가지로 사회적 신용 시스템도 지방 정부가 자체적으로 정책 해석에 따른 실행을 거친 후 전국적인 표준이 되기 위해 경쟁하는 중국 특유의 정책 모델링 과정을 따르고 있다.[10] 장천천이 지적한 바와 같이 현재 구축되고 있는 사회적 신용 시스템에는 '사회, 경제, 법률 분야에 걸쳐 매우 다양한 범위의 탈중앙화되고 실험적이며 분절적인 프로그램들'이 포함된다.[11] 2019년까지 약 28개 지역이 공식 '시범 도시'로 지정되어 정책 체계의 한도 내에서 실험과 혁신을 할 수 있도록 허용되었다.[12] 그러나 사회적 신용의 새로운 측면은 8개의 대형 인터넷 기업들도 초기에 자체 시험 프로그램을 운영할 수 있는 허가를 받았다는 것이다.[13] 가장 널리 논의되고 있는 민간의 사회적 신용 시스템은 불투명한 알고리즘을 사용해 고객의 사회적 신용 점수를 산출하는 알리바바의 즈마신용芝

麻信用이며, 중국 바깥에서는 종종 (국가가 추진하는) 사회적 신용 시스템과 광범위하게 혼용되고 있다. 여기서 높은 점수를 받은 사람들은 알리바바의 다른 사업체와 협력 업체로부터 다양한 혜택을 받을 수 있다.[14] 그러나 알리바바가 알리페이와 앤트파이낸셜을 통해 보유한 방대한 양의 경제 데이터의 힘으로 즈마신용은 매우 중요한 의미를 가졌지만, 중국 정부는 결국 다른 민간 기업과 더불어 즈마신용의 시범 사업 지위를 취소했고, 이러한 구상들은 이제 '본질적으로 충성도 보상 프로그램과 같은 기능'을 한다.[15] 최근 몇 년 동안 사회적 신용 시스템의 다양한 측면, 특히 어떤 주체가 어떤 유형의 데이터를 수집하고 기록할 것인지가 점점 더 주목받고 있지만, 그럼에도 불구하고 이 시스템은 여전히 유동적이며 여전히 개발 중에 있다.*

위의 내용을 바탕으로 중국의 사회적 신용은 여러 다양한 측면을 가진, 진화하는 정책 체계로 이해해야 한다. 또한 이 모든 측면은 감시 방식에 의해 뒷받침되지만, 이를 감시 방식으로만 정의할 수는 없다는 것도 살펴봐야 한다. 우선 사회적 신용은 데이터 분석을 활용해 규제 준수를 보장하는 행정 집행 메커니즘으로 구상되었는데, 이는 지속적으로 규정

---

* 중국의 사회적 신용 시스템의 주요 개발 상황에 대한 최신 분석 및 번역은 중국 법률 번역 웹사이트 chinalawtranslate.com을 참조할 수 있다.

방법으로서의 글로벌 차이나

을 준수하는 기업 및 사회조직에 대한 보상과 규정 위반자에 대한 블랙리스트 등 여러 형태의 처벌 조치를 통해 이뤄진다.[16] 이러한 사회적 신용의 구성 요소는 데이터 기반 알고리즘 거버넌스 기술의 광범위한 지구적 확장을 반영하며, 이 작동 중인 동역학을 완전히 이해하려면 중국의 사회적 신용 시스템과 전 세계의 새로운 규제 체제 간의 공통점과 분기점에 집중할 필요가 있다.[17] 동시에 사회적 신용은 중국이 개인, 기업, 사회조직의 경제적 리스크를 체계적으로 산정하고 평가할 수 있는 인프라가 부족해[18] 상업 활동에 비용을 가중시키고, 사회 전반에 '신뢰도'가 부족하다는 인식이 사회경제적 발전을 저해하는 상황을 초래하는 데 대한 대응책이기도 하다. 따라서 중국의 사회적 신용은 (사회 영역의 데이터를 활용해) 보다 원활한 경제통합*과 (자국민들의) 공식 경제 참여 확대를 가능케 하는 포괄적인 경제 리스크 평가 시스템을 구축하려는 시도이자 신뢰할 수 있는(혹은 재정적으로 신용도가 높은) 시민을 만들기 위한 도덕적 사회 공학의 한 형태로 이해해야 한다.

---

* 부분적인 경제 관계를 통일하여 하나의 경제권을 형성하는 것, 즉 각국 경제 간에 각종 차별이 존재하지 않는 상태를 일컫는 말이다.

2. 디지털 디스토피아

신용 시스템으로서의 사회적 신용

사회적 신용을 이국적이고 새로운 디스토피아적 관행으로 묘사하는 것이 일반적이지만 (비록 흥미롭지 않더라도) 신용 평가와 점수 시스템을 비교·분석의 첫 지점으로 삼는 것이 정확하다. 앞서 언급했듯이 중국은 통일된 신용 평가 인프라가 부족해 금융 기관들이 어려움을 겪고 있으며, 이로 인해 높은 금융 거래 비용과 대출 병목 현상이 발생하고 있다. 사회적 신용 시스템은 금융 기관의 리스크 평가를 지원함으로써 이 문제를 해결하고 중국 자본주의가 굴러가도록 기름칠하는 역할을 한다. 다른 지역의 (일반적으로 경제적 요인만을 기준으로 점수를 매기는) 전통적인 신용 점수 시스템과 사회적 신용의 차이점은 중국에서는 사회 및 경제 영역 모두에서 더 많은 양의 데이터를 비롯해 대체 데이터를 끌어 쓰려고 한다는 점이다. 그러나 이는 근본적인 차이라기보다는 정도의 차이라고 할 수 있다. 따라서 우리는 다른 맥락에서 신용 평가의 관행과 결과를 살펴봄으로써 중국에서 사회적 신용의 잠재적 기능에 대한 중요한 통찰력을 얻을 수 있으며, 중국의 사회적 신용을 검토함으로써 빅 데이터 및 대체 데이터 시대에 다른 지역의 신용 평가 시스템이 리스크 평가 기준을 확장하는 방식을 예측할 수 있다.

실제로 자세히 살펴보면, 경제적 리스크를 평가하기 위해 사회 영역의 다양한 형태의 데이터를 활용하려는 중국의 야심이 전혀 새로운 것이 아님을 바로 알 수 있다. 예를 들어 샌프란시스코에 본사를 둔 페이팔PayPal의 맥스 레브친Max Levchin이 설립한 어펌Affirm은 잠재 고객의 디지털 발자국*을 면밀히 조사해 대출 결정을 내린다.[19] 그리고 잠재적 대출자의 '성격을 판단'하기 위해 종종 심리 측정 테스트와 같은 방법을 사용하는 등 리스크를 평가하는 새로운 방법을 '혁신'하는 글로벌 사우스의 신흥 디지털 대출 업체들 사이에서 더 많은 사례들을 발견할 수 있다.[20] 핀테크 회사인 렌도EFLLenddoEFL를 살펴보면 글로벌 디지털 금융 부문에서 어떻게 데이터 수집, 개인 정보 보호, 신용 평가의 미래를 구상하는지 알 수 있다. 디지털 대출 회사로 시작한 렌도는 페이스북 플랫폼을 통해 대출을 해준 최초의 기업 중 하나였다. 그러나 이 회사는 빠르게 대출 사업에서 벗어나 다른 대출 기관에 빅 데이터·대체 데이터 분석에 기반한 신용 등급 및 신원 확인 서비스를 제공하는 기업으로 전환했다. 2017년 렌도는 심리 측정 테스트 및 기타 형태의 데이터 수집을 활용해 신용 점수를 만들어내는 하버드대학에 설립된 EFLEntrepreneurial Finance Lab

---

* 개인이나 기업이 인터넷을 사용하는 동안 생성한 고유한 데이터 흔적을 이야기하는 것으로 보다 넓은 의미에서 특정 사용자의 추적 가능한 모든 온라인 활동을 뜻한다.

과 합병했다. 렌도EFL은 연락처, SNS 활동, 메시지 및 이메일, 검색 기록, 사용자 위치 등의 정보를 포함해 고객들의 방대한 개인 데이터를 사용해 리스크를 평가한다. 더욱이 이회사의 데이터 수집 범위는 자사 고객을 넘어 이들이 연락하는 지인들까지 확장되며, 이들 간의 상호작용이 리스크 평가에 반영된다. 렌도의 창업자이자 최고경영자인 제프 스튜어트Jeff Stewart는 회사의 '혁신적인' 데이터 활용에 대해 다음과 같이 설명했다. "데이터와 사회가 진화함에 따라 우리가 보게 될 것은 … 당신이 누구와 어울리고 어떻게 그들과 상호작용하는지이다. 그것이 당신을 판단하는 방식의 일부가 될 것입니다." 그는 또한 부분적으로 고객의 사회적 인맥을 기반으로 '양질'의 친구를 가진 고객이 더 높은 점수를 받게 될 것이라며 신용 점수에 대한 미래상을 제시했다.[21]

만약 이 말이 주요 핀테크 기업의 최고경영자가 아닌 중국 관리의 입에서 나왔다면, 드라마 〈블랙 미러〉를 마구 언급하며 디스토피아적 의미를 확실하게 부각하는 주류 언론의 보도가 쏟아졌을 것임이 분명하다. 그러나 우리가 다시 위에 언급했던 《이코노미스트》의 기사들로 돌아가 보면, 이 잡지가 중국의 '디지털 전체주의'에 대한 우려와는 대조적으로, 글로벌 사우스를 '금융적으로 포섭'하기 위해 EFL과 다른 핀테크 업체들이 활용하는 심리측정학과 대체 데이터 수집의 잠재력에 대해 극찬하고 있음을 알게 된다. 중국의 사회적 신용은 실존적인 위협으로 제시되지만, 핀테크의 감시 자본주의는 "심리 측정과 소셜 미디어 및 스마트폰 기록을 결합해 대출 과정이 거의 완전히 디지털화되어 있으며 … 서로 우위를 차지하려는 대출 기관들이 고객의 영혼을 들여다볼 수 있는 더 많은 방법들을 찾아낼 것"이라는 식으로 위협적이지 않은 미래를 열고 있는 것으로 묘사된다.[22] 여기서 요점은 《이코노미스트》의 이중 잣대를 강조하려는 것이 아니라, 중국의 사회적 신용 관련 계획을 뒷받침하는 빅 데이터와 대체 데이터 수집 및 분석의 실질적인 측면들이 광범위한 핀테크 부문의 발전과 지구적인 디지털 금융 자본주의의 진화와 어떻게 병행하여 나아가고 있는지를 조명하려는 것이다.

사회 공학으로서의 사회적 신용

리스크를 평가하고 신용 등급 시스템을 만들기 위해 개인의 대체 데이터를 활용하려는 노력의 핵심적인 부분은 '신용도'라는 자본주의적 개념과 공식 시장 참여를 기반으로 새로운 형태의 사회경제적 관계를 사회공학적으로 설계하려는 목표와 맞물려 있다. 중국의 사회적 신용 시스템의 경우, 도덕 교육을 통해 '신뢰성'과 '성실성'을 높여 시장 참여를 촉진하는 것이 보다 폭넓은 문명적 의무의 일환이라는 명시적인 야망이 존재한다.[23] 사회적 신용의 이러한 문명적 요소는 '현대적' 시민을 만들어내려는 중국의 오랜 국가 목표에 뿌리를 두고 있으며, 또 한편으로 좋은 거버넌스, 사회경제적 발전, 경제적 참여에 관한 지구적 담론에도 기반하고 있다. 특히 사회적 신용의 도덕과 발전에 관한 언어는 '저발전된' 지역과 사람들을 시장으로 통합해 발전된 주체로 변화시키는 것을 목표로 하는 마이크로크레디트 및 포용금융 프로그램에서 활용하는 담론과 상당히 유사하다. 노벨 평화상을 수상한 그라민은행의 설립자 무함마드 유누스와 같은 마이크로크레디트 및 포용금융 지지자들에게 시장으로의 포용은 사실 (발전에 있어서) 삶과 죽음의 문제이다. 유누스의 말을 빌리자면, "금융 서비스는 산소와 같다. 우리는 숨을 쉬어야 하고, 숨을 쉬지 않으면 쓰러진다. 금융 산소가 없으면 사람들은 쓰러지고 기능 장애를 일으킨다. ⋯ 사람들은 금융 서비스에 연결되는 순간 활기를 띠게 된다."[24]

위에서 언급한 심리측정학적 전환을 반영하듯, 중국의 사회적 신용은 행동경제학자들이 주장하고 세계은행이 장려하는, 개인을 대상으로 한 '약간의 조정'과 '부드러운 개입'을 통해 올바른 경제적 의사 결정과 행동을 유도해 궁극적으로 광범위한 사회적 이익을 가져올 수 있다는 생각과 공명한

방법으로서의 글로벌 차이나

다.[25] 이러한 관념은 최근 수십 년 동안 대중화되어 2017년 노벨 경제학상은 '넛지 이론'을 연구한 리처드 탈러에게 수여되었고, 2019년 노벨 경제학상은 사회경제적 발전을 위해 '무작위 통제 실험'RCT: Randomized Controlled Trial*을 개척한 세 명의 발전경제학자들에게 수여되었다. 이 두 가지 접근 방식은 다양한 유형의 행동을 사회공학적으로 설계하기 위해 (주로 글로벌 사우스에서) 사람들에 대한 사회적 실험을 확장하는 데 핵심적인 역할을 해왔다.[26] 이러한 행동주의 및 실험주의적 접근법은 개인의 빈곤과 광범위한 저발전의 양상을 부분적으로는 불신이 만연한 상황에서 의사 결정을 둘러싼 어려움의 결과로 간주하고 있다. 이러한 관점에서 저발전에 대한 해결책 중 하나는 신뢰하는 사회를 만드는 것이다. 세계은행의 〈2015년 세계 발전 보고서: 정신과 사회 및 행동〉에서는 "사회적 선호와 사회적 영향은 사회를 자기강화적인 집단적 행동 양식으로 이끌 수 있으며, 많은 경우 이러한 양상은

---

* 주로 의학 분야에서 의약품 등의 효과를 확인하기 위해 이뤄지는 임상 실험에서 비롯된 것으로 인간의 주관이 개입할 여지를 최대한 차단하는 것을 목적으로 하는 실험 기법이다. 처리를 받은 실험 집단과 받지 않은 대조 집단을 비교해서 그 효과를 비교하는 것이 기본 원리인데, 이때 실험 집단과 대조 집단을 선택하는 과정이 무작위로 이뤄지기에 무작위 통제 실험으로 불린다. 2019년 노벨경제학상을 수상한 아브히지트 바네르지와 에스테르 뒤플로는 저개발국의 저소득층 지원, 금융 지원, 보건, 교육 등 공공 정책의 효과를 측정하기 위해 이 실험 방법을 개발경제학 분야에 도입했다. 다만 이 방법을 사회과학에 도입하는 것은 인간을 대상으로 하는 실험이기에 윤리적 문제가 발생할 수 있다는 비판도 존재한다.

신뢰와 공유 가치의 양식을 나타내는 것으로 매우 바람직하다"고 보고 있다.[27] 이런 관점과 '신뢰의 환경 구축'이라는 중국 정부의 사회적 신용에 대한 야망과의 유사점은 분명하다.[28]

신용과 오래되고도 새로운 감시

법학자 제러미 다음Jeremy Daum의 지적처럼 "중국의 기술, 거버넌스, 사회의 통합을 지켜보는 것은 민주주의 국가들에게 커다란 비교 가치가 있을 수 있지만, 의미 있는 비교를 위해서는 정확한 이해가 필요하다".[29] 여기서 한 걸음 더 나아가 그 통합 양상에 대한 정확한 이해는 기술, 거버넌스, 감시 자본주의를 개별적인 맥락에서 세부적으로 비교하는 것만으로는 불가능하며, 지구적 차원에서 이 사이의 유사점과 차이점, 중첩과 얽힘에 대해 분석한 내용을 기반으로 해야 한다. 따라서 중국과 다른 지역들에서 일어나고 있는 일들의 중요한 공통점을 파악하고 이러한 일들이 물질적으로나 담론적으로 어떻게 연결되어 있는지 파악할 수 있어야 한다. 만약 이러한 작업에 실패한다면, 우리는 다음과 같은 입장들 중 하나에 불과할 것이다. 우선 우리는 (모두가 그렇게 하고 있으니 무슨 신경을 쓸 필요가 있냐는 식의) 그쪽이야말로주의적 주

방법으로서의 글로벌 차이나

장을 통해 이 상황들을 상대화하여 디지털 사회 통제에서 가장 중요한 발전 중 하나를 무시하게 될 수 있다. 혹은, 이와는 달리 본질주의적 입장을 취해 사회적 신용과 같은 새로운 형태의 디스토피아적 디지털 감시를 중국 권위주의 체제의 고유한 특징이라고 가정할 수도 있다. 혹은 중국의 디지털 실험이 디지털 기술의 해방적 목적을 훼손하는 것으로 인식하여 중국에서 일어나는 일이 실제로는 다른 곳에서 일어나는 현상의 논리적 연속(그리고 강화)이며, 이런 의미에서 중국은 지구적 자본주의의 교실에서 체제 전복적인 학생이 아니라 모범생이었다는 사실을 인식하지 못할 수도 있다. 요컨대 이러한 접근 방식들은 중국의 발전이 실제로 대체 데이터 분석, 알고리즘 거버넌스, 감시 자본주의의 급속한 확산이라는 지구적 궤적에 어떻게 기반하고 있으며, 또 어떻게 기여하고 있는지를 이해할 수 없게 만든다.

따라서 기술 자체를 어떤 행위자가 활용하느냐에 따라 선과 악으로 바뀔 수 있는 중립적인 것으로 보기보다는, 이러한 형태의 첨단 감시 자본주의가 지구적 자본주의 체제와 그 참여자들의 야망을 통해 등장하고 또 촉진시키는 것으로 인식해야 한다. 사람들을 공식 경제에 완전히 통합하여 '마찰 없는' 상업 활동을 가능하게 하고, 개인이 시장의 소비자인 동시에 시장 관련 소비 데이터의 생산자로 변신하는 꿈은 궁극적으로 자본주의가 주조해낸 꿈이다.

또한 이는 전혀 새로운 것이 아니다. 자본주의 사회에서 부채의 기능은 항상 개인과 그들의 사회적 네트워크를 모두 감시하는 기술에 의해 뒷받침되어 왔다. 전통적인 신용 점수는 신용도가 있는지 판단하기 위해 경제 활동을 감시하고자 해왔으며, 충분한 서류상의 흔적이 없는(즉, 충분히 감시할 수 없는) 사람들은 보증인 역할을 할 수 있는 가족이나 친구에게 의지하고 스스로 감시를 받아야 했다.[30] 데이터 분석의 알고리즘 자동화와 더불어 디지털 기술을 활용해 방대한 양의 다양한 유형의 데이터를 수집할 수 있는 능력은 자본주의적 신용 평가 시스템의 진화와 경제적 통합 확대라는 더 광범위한 목표를 위한 필연적인 진행 과정이다. 중국의 사회적 신용은 전 세계의 다른 국가들과 함께 이러한 발전의 중요한 사례임이 분명하다. 중국이 이 부분에서 독특하지 않다고 해서 이러한 발전이 덜 디스토피아적인 것은 아니며, 오히려 더욱 디스토피아적이라고 할 수 있다. 자본주의 정치경제에 내재된 불평등과 예속의 형태를 고착화하고 악화시킬 수밖에 없는 방식으로 부자와 권력자가 휘두르는 감시와 사회경제적 통제의 억압적인 도구가 계속 날카로워짐에 따라 이 체제가 공유하고 있는 합리성, 관행, 잠재적 결과를 명확히 밝히는 것이 더욱 중요해졌다. 그렇게 하지 못하면 보다 정의로운

방법으로서의 글로벌 차이나

사회를 만드는 방향으로 이러한 기술을 재편하고 이러한 기술에 집단적으로 맞서 싸울 수 있는 우리의 기회를 잃게 될 것이기 때문이다.

3.

신장 위구르

지구적 차원과의 연결점을 파악해야 하는 중국의 또 다른 동역학의 사례는 최근 몇 년 동안 국제적 긴장의 주요 초점이 된 신장의 '재교육' 수용소에서 찾을 수 있다. 이 수용소들은 2013년 말과 2014년 위구르족 민간인의 한족 민간인을 상대로 한 폭력적인 공격 행위가 증가하자 중국 당국이 시작한 '반테러 인민전쟁'의 근간을 이룬다.[1] 처음에는 종교 지도자들만 수용소로 보내졌지만, 2017년 무렵 강경파인 천취안궈陳全國가 신장 위구르 자치구 당서기 자리에 오른 이후 당국은 이 지역의 무슬림 인구 전체를 대상으로 '극단주의'의 징후가 있는지 평가하기 시작했다. 당국은 종종 단순히 눈에 보이는 어떤 형태로든 자신들의 종교를 실천하는 것을 극단주의로 여겼다. 그 이후로 위구르족, 카자흐족을 비롯한 다른 소수민족들은 점점 더 자신들의 전통적인 삶의 방식으로 살아가지 못하게 되었고 모스크 등의 신성한 장소는 철거되거나 변형되었다.[2] (보수적인 추정치만으로도) 수십만 명의 사람들이 감옥과 '재교육' 수용소에 구금되었을 뿐만 아니라 수감자의 많은 친척들이 집에서 멀리 떨어진 공장에서 일하도록 배치되었고, 자녀들은 '애국적'이고 비종교적인 교육을 받는 기숙학교에 배정되었다. 이 수용소들 역시 허공에 존재하는 것이 아니라 깊은 역사적 뿌리와 지구적 차원에서의 중요한 연결점을 가지고 있다. 이 장에서는 이 뿌리와 연관 관계에 대해 살펴볼 것이다.

역사적 선례

학자들은 현재 신장의 상황이 위구르족 정체성에 대한 한족의 오랜 탄압과 마오쩌둥 시기에 등장한 '혈통론'과 '사상개조 담론'에 뿌리를 두고 있다고 지적해왔다.[3] 그러나 신장에서 벌어지고 있는 상황은 원주민을 잔인하게 탄압하고 보

---

*   2022년 UN 인권사무소OHCHR는 <신장 위구르족 인권 실태 조사 보고서>를 발표했는데, 열악한 환경에서 구금, 고문, 학대 정황이 보이며 임의적 구금과 차별이 국제법 위반과 반인도 범죄에 해당할 수 있다고 밝혔다. 또한, 여성 수감자들에게 성폭력을 비롯한 학대가 가해지고 차별적 가족계획 및 산아 제한 정책이 적용된 경우도 있다고 밝혔다. 일각에서는 재교육 수용소를 경험한 이들의 인터뷰 등을 통해 위구르족 여성들에게 불임 수술과 낙태가 강요되었다는 사실을 폭로하기도 했다.

방법으로서의 글로벌 차이나

호구역에다 몰아 놓았던 유럽 식민주의의 영향을 받은 논리와 관행의 연장선으로 볼 수도 있다.[4] 예를 들어 최근 중국 정부가 위구르족에 불임 수술을 강요하고 있다는 폭로*는 20세기 미국을 비롯한 여러 지역에서 원주민을 대상으로 벌였던 우생학 캠페인을 연상시킨다.[5] 마찬가지로 카자흐 초원에서 생태 관광을 목적으로 국가 주도의 인클로저가 벌어지며 신장 지역에서 카자흐족을 비롯한 여러 유목 공동체를 쫓아내고 이주시킨 것은 국립공원 설립을 위해 원주민을 강제 이주시키고 학살한 미국의 사례나 그보다는 덜 잔학할지라도 노르웨이에서 순록 목축지 내에 풍력 발전소를 개발한 것 등을 상기시킨다.[6]

좀 더 구체적으로 말하자면, 식민주의적 지배를 강화하기 위한 감금 시설로서의 신장 수용소는 1890년대 후반 쿠바에서 스페인이 처음 구상하여 보어 전쟁 중 남아프리카에서 영국이 확장시켰고, 1차 세계대전 동안 모든 참전 세력들이 보편화했으며, 소련의 굴라크*와 나치의 절멸 수용소라는 극단적인 변종을 거쳐 1970년대에는 라틴아메리카에서 '블랙 사이트'**라는 형태로 일반화된, 한 세기에 걸친 지구적 과

---

* 노동 수용소를 담당하던 소련의 정부 기관으로 주로 범죄자들, 특히 정치범들을 수용해 강제노동을 시키는 집단 수용소를 일컫는 말이다.
** 보통 미국의 해외 거점 비밀 군사 시설을 일컫는 말이지만, 현재는 여러 국가의 정부가 그 존재를 부인하는, 구금 및 심문, 고문이 이뤄지는 비밀 시설을 의미한다.

정의 정점에 있다. 이와 관련해 그쪽이야말로주의의 주장을 지지하는 사람들은 최근 역사에서 서구 자유민주주의 국가들도 강제수용소를 반복해서 만들어왔다는 점을 끊임없이 지적한다. 틀린 얘기는 아니다. 즈베탄 토도로프^{Tzvetan Todorov}는 프리모 레비^{Primo Levi}의 《가라앉은 자와 구조된 자》의 서문에서 다음과 같이 썼다.

> **강제 수용소**와 같은 (무용하지 않지만) 불법적인 폭력은 나치와 공산주의 체제만의 특권이 아니며, 제3세계의 권위주의 국가나 심지어 의회 민주주의 국가들에서도 접할 수 있다. 정치지도자들이 이것이 불가피하다고, 긴급하다고 목소리를 내기만 하면 된다. 그럼 즉시 도처에서 언론들이 화제 삼을 것이며, 곧바로 권력자의 선택을 합리적으로 정당화하는 방법을 잘 아는 저자와 지식인들의 아첨이 뒷받침할 것이다. 이러한 선택은 항상 '민주주의 수호' 또는 '차악'이라는 명분으로 이뤄진다.[7]

영국 정부가 계속해서 은폐하고 조작하려고 시도했던 1950년대 말레이시아와 케냐에서의 영국의 경험에서부터 최근 미국 정부의 관타나모만 해군기지 수용소에서의 불법

방법으로서의 글로벌 차이나

감금과 미등록 이민자 대량 억류에 이르기까지 그 사례는 넘쳐난다.

그리고 염두에 두어야 할 또 다른 불편한 역사적 교훈이 있다. 저널리스트인 안드레아 피처Andrea Pitzer가 주장했듯이, 강제 수용소는 근대성, 특히 19세기 후반에 이뤄진 공중 보건, 인구 조사, 관료주의적 효율성의 발전에 깊이 뿌리를 두고 있다.[8] 또한 수용소는 철조망이나 자동 무기와 같은 발명품과도 불가분의 관계에 있다. 동시에 '정부가 수용소 사용을 계획적인 학대였다고 공식적으로 인정한 사례는 드물고, 열등한 문화와 인종을 고양시키기 위한 교화 사업의 일환으로 홍보하는 경우가 더 많았다.'[9] 이런 의미에서 중국 당국은 최신 감시 기술의 '이점'을 극대화하여 21세기 버전의 강제 수용소를 신장 지역에 설립해 이러한 전통을 유지하고 있을 뿐만 아니라, 이 시도를 정당화화기 위해 기존 담론에 크게 의존한다. 이러한 관점에서 볼 때, 신장의 수용소는 권력의 동역학과 담론상의 정당화의 측면에서 이전의 수용소와 매우 유사하며, 나치 수용소나 소련 굴라크의 증언을 오늘날 신장에서 벌어지고 있는 상황에 비추어 볼 때 특히 가슴 아프다.[10] 하지만 신장의 수용소가 최신 기술 발전에 의해 운영된다는 점에서는 구별된다고 볼 수 있다.

담론적 연결고리

신장의 강제 수용소는 오늘날 세계적 맥락에서 볼 때도 다른 일들로부터 독립된 단일한 사안이 아니다. 오히려 중국 북서부에서 벌어지고 있는 상황들과 전 지구적 추세 사이의 담론적 연관성과 물리적 유사성이 파악된다. 담론적 측면에서 중국 당국은 미국이 주도하는 테러와의 전쟁과 관련한 국제 사회의 반테러 담론을 광범위하게 차용해 신장에 대한 안보화를 정당화했다.[11] 데이비드 브로피David Brophy는 중국 당국과 해외의 비판자들 사이의 신장 문제를 둘러싼 '설전'에 대한 글을 통해 중국 관료들이 잠재적 극단주의자들을 식별, 격리, 교화하는 선제적 조치를 통해 급진화에 맞서야 한다는 (지구적 차원의 테러와의 전쟁 이후 등장한) 세계적 합의를 끌어들여 수용소를 정당화하는 방식을 지적했다.[12] 중국 당국의 논리에 따르면, 신장의 수용소가 극단주의에 대응하려는 서구의 시도보다 정도가 지나치다고 한다면, 이는 일부 개인에게만 초점을 맞춘 서구의 반극단주의 정책이 테러 행위를 예방하기에 충분한 역할을 하지 못했기 때문일 뿐이다.

같은 맥락에서 대런 바일러Darren Byler는 이라크와 아프가니스탄에서 미군이 무기화된 문화인류학적 연구를 통해 '인

방법으로서의 글로벌 차이나

간지형시스템'HTS: Human Terrain System*을 구축하려는 시도와 중국 당국이 신장에서 취하고 있는 행동 방식 사이의 유사성을 날카롭게 보여주는 동시에 2000년대 후반 이후 대분란전counter-insurgency 분야에서 미국의 군사 교리의 변화가 중국에서 처음 채택되고 적용되어 신장에서 실행에 옮겨지는 과정을 밝혀냈다.[13] 이러한 연관성은 최근에 발표된 시나 그레이텐스Sheena Greitens, 이명희Myunghee Lee, 에미르 야지치Emir Yazici의 파급력 있는 논쟁적 논문에서도 언급되었다. 이 연구에서 저자들은 2001년 9.11 테러 이후 중앙아시아의 위구르 디아스포라에 대한 중국의 태도가 변하기 시작했으며, 당-국가는 범투르크주의적 분리주의**를 강조하는 대신 위구르 조직과 지하디스트 집단, 특히 아프가니스탄과 파키스탄의 지하디스트 세력을 연결 짓기 시작했다고 주장한다.[14]

또한 중국 당국이 신장에서 채택한 담론과 서구의 일부 정부가 소수자, 이민자, 난민 등과 관련해 밀어붙이는 담론 사이에는 많이 연구되고 있지는 않지만 상당히 가슴 아픈 유사

---

* 미군이 이라크 전쟁과 아프가니스탄 전쟁에서 문화인류학자들을 군인과 함께 작전에 투입해 현지 문화나 관습에 어긋나지 않게 행동하게 하고 현지 조사를 수행하게 함으로써 벌어질 각종 사고에 대비하게 만든 프로그램이다. 실제 작전 수행에서 군사 충돌을 60퍼센트 가량 줄어들게 하는 효과도 있었지만, 학자들의 전쟁 참여가 연구윤리 위반이라는 논쟁도 벌어졌다.

** 범투르크주의Pan-Turkism는 터키에서 위구르 지역에 이르는 유라시아 대륙 중앙의 범투르크인을 포괄하는 하나의 세력권을 만들어내자는 정치적 운동이다. 이 흐름은 신장 위구르 자치구의 위구르족의 분리 독립 운동에 영향을 미쳤다.

점들도 발견할 수 있다. 그러한 사례 중 하나가 바로 '감사'라는 용어다. 크리스천 소레이스Christian Sorace가 강조했듯이, 당-국가는 신장의 재교육 수용소 내에서 직접적인 통제 수단으로 '감사 교육 캠페인'을 시행하고 있으며, 수감자들은 자신이 교화되었음을 증명하기 위해 중국, 중국 공산당, 시진핑 개인에 대한 절대적 충성과 감사를 확실하게 입증해야 한다.[15] 소레이스는 중국 관영매체가 소개한 수용소 '퇴소자'의 증언 외에도 2017년 초 우루무치에서 '3가지 감사, 3가지 기원'三感恩, 三祝愿이라는 표어로 시작된 캠페인, 즉 '시진핑 총서기에 대한 감사, 중국 공산당에 대한 감사, 위대한 조국에 대한 감사, 시진핑 총서기의 건강을 위한 기원, 위대한 조국의 번영을 위한 기원, 모든 민족과 인민의 단결 화합을 위한 기원'을 인용해 소개하고 있다.

비록 이러한 틀에 박힌 의례적 문구나 복창은 중국 공산당이 한 세기 동안 완성해온 일종의 캠페인 정치의 유산이지만, 소레이스는 또 다른 글에서 이러한 감사의 요구가 서구에서도 드물지 않다는 점을 지적한다.[16] 그는 미국의 도널드 트럼프 전 대통령이 코로나19 재난지원금 수표에 자신의 서명이 꼭 들어가야 한다고 주장해 승인을 지연시킨 일과 2007년 조지 부시 전 대통령이 그 자신이 이라크 사람들의 삶을 파괴해놓고도 그들이 충분히 감사히 여기지 않는다고 불평

방법으로서의 글로벌 차이나

했던 일을 사례로 들었다. 이는 미국 제국주의에 의해 황폐화된 지역에서 온 난민들이 미국 시민권을 취득한 후 '자유라는 선물'에 대해 '감사' 표명을 해야 한다는 요구를 받는다는 미미 응우옌Mimi T. Nguyen의 연구와도 공명한다.[17] 소레이스에 따르면, 중국 및 여타 국가에서 '이러한 히스테리적인 요구는 주권 권력의 불안정성을 드러내며', 당국이 불안정하다고 인지하는 현재 상태를 유지하는 것을 목표로 한다.[18]

물질적 연관 관계

중국 당국이 테러와의 전쟁에서 비롯된 대분란전 담론을 끌어들인 것은 '반테러' 수사를 액면 그대로 받아들이면 신장에서 중국의 당-국가가 실행하는 정책을 정당화할 위험이 있다는 점에서 여전히 논란의 여지가 많다.[19] 그러나 재교육 수용소의 지구적 차원의 물질적 측면은 서구 자본주의와 중화인민공화국 사이에 존재하는 '공모 관계'를 더 직접적으로 보여준다.[20] 실제로 수용소에 관한 지배적인 서사는 본질주의적 입장의 권위주의 혹은 전체주의적 프레임 위주지만, 이 수용소가 새로운 형태의 자본주의 자체의 극단적 발현이 아니라 하더라도 지구적 자본주의 체제에 내재되어 있다는 측면에서 그에 대한 비판을 제시할 충분한 이유가 있다. 예를 들어 대런 바일러는 수용소 시스템이 생체 감시와 물리적 검문소, 경비 하청 업체 등 포괄적 인프라를 통해 작동한다는 사실을 고려하면, 이는 '테러 자본주의'의 한 징후라고 주장한다. 그리고 그는 이 테러 자본주의를 '국가 자본, 기술 정치적 감시, 예속된 노동의 독특한 배치 형태로 정의하며, 그 징후를 위구르족 같은 표적 집단에서 시작할 수도 있지만 … 카슈미르의 무슬림 집단이나 텍사스의 감시 대상 라틴계 망명 신청자들에게서도 유사한 형태를 찾을 수 있다'고 주장한다.[21]

'테러 자본주의' 혹은 우리가 자본주의의 새로운 양상이라고 부르는 것은 본질적으로 지구적인 현상이다. 중국과 다국적 기업들이 신장 지역에서 사용되는 감시 기술 개발에 깊이 관여하고 있다는 사실은 부인할 수 없다. 대런 바일러가 강조한 바와 같이, 최근 신장의 지방 정부는 민관 협력을 통해 감시 역량을 강화하기 위해 민간 및 국유 기술 기업에 치안 업무를 아웃소싱하기 시작했다.[22] 이 기업들, 특히 인공지능 분야에서 선두를 달리고 있는 기업들은 중국 국경을 넘어 전 세계를 무대로 활동하고 있다. 바일러가 인용하는 기이한 사례로, 2020년 4월 아마존은 코로나19 팬데믹 기간 직원들의 체온을 측정하기 위해 1,500대의 열 감지 카메라 시스템을 배송받았다. 이 장치는 2017년 9억 달러 이상을 지원받

　　　　　　　　　方法으로서의 글로벌 차이나

아 신장 지역의 초법적 구금, 검문소, 사상 교육 확대를 지원하기 위한 포괄적 감시 시스템을 구축한 중국 기업 따화大華의 제품이었다.[23]

제럴드 로슈Gerald Roche가 기록한 것처럼 신장의 상황은 글로벌 용병 산업과도 관련이 있다.[24] 2014년부터 2021년 4월까지 이라크에서 악명 높았던 보안 회사인 블랙워터Blackwater의 설립자 에릭 프린스Erik Prince가 이끌었던 민간 보안 업체 프론티어 서비스 그룹FSG: 先鋒服務集團은 2019년 1월 신장에 '훈련 센터'를 개설할 계획을 발표했다.[25] 이 상장 기업은 에릭 프린스가 중국 최대 국유 투자회사 중 하나인 중신그룹CITIC의 투자를 받아 설립한 항공 및 해상 물류 회사로, 아프리카 등지의 해운을 전문으로 하며, 분쟁 지역에서 위험이 큰 철수 작업을 수행하고 중국 기업이 아프리카에서 안전하게 활동할 수 있도록 지원하는 데 특히 중점을 두고 있다고 밝혔다.[26] 프론티어서비스그룹은 2017년 3월 신장에 사무소를 개설할 계획을 처음 발표했고[27], 몇 달 후 중국 북서부 지역 운영 책임자로 뤼차오하이呂超海를 임명했다.[28] 이 회사의 업무를 맡기 이전에 뤼차오하이는 중국 공산당이 1950년대에 설립해 그 이후 신장 지역의 경제 개발의 업무를 맡아온 준군사-경제 조직인 신장건설생산병단新疆生產建設兵團의 부단장을 지냈다. 이후 이 회사의 신장 지역 개입에 대한 모든 정

107

보는 온라인에서 삭제되었지만[29], 이 발표에서는 중국 및 여타 지역에서의 문화 통제의 억압적 관행과 지구적 자본주의 사이의 공모 관계의 또 다른 문제 틀이 두드러졌다.

동시에 해외 대학들도 중국 당국이 신장 지역에 대한 감시를 강화하기 위해 활용하고 있는 기술과 기법을 개발하는 데 적극적으로 참여하고 있다. MIT를 비롯한 유수의 국제 학술 기관들이 신장 지역 내 국가 안보 기관과 업무 관계를 맺고 있는 인공지능 기업들과 연구 제휴를 하고 있는 것으로 드러나 정밀 조사를 받고 있다.[30] 몇 가지 구체적인 사례를 들자면, 2018년 8월 미시간주립대학의 생체 인식 연구단 책임자인 아닐 쿠마르 자인[Anil K. Jain]은 신장 위구르 자치구의 수부首府인 우루무치시를 방문해 중국 생체 인식 컨퍼런스에서 안면 인식에 관한 발표를 하고 자문위원으로도 활동했다.[31] 2019년 시드니공과대학과 호주 퍼스시에 위치한 커틴대학은 중국 기업들과의 제휴 관계가 중국의 위구르족 박해를 도울 수 있다는 우려로 중국 기업 및 연구자들과의 관계를 재검토해야 했다.[32] 특히 시드니공과대학은 중국의 무장 경찰부대가 위구르족을 추적하고 구금하는 데 사용하는 애플리케이션을 개발한 국유 방위산업 기업인 CETC[China Electronics Technology Group Corporation: 中國電子科技集團公司]와 1000만 호주달러를 주고받으며 제휴 관계를 맺은 것으로 드러났다. 마지막으

방법으로서의 글로벌 차이나

로 2019년에도 중국 경찰 소속 과학자들이 DNA 추적 능력을 강화하기 위해 예일대학의 저명한 유전학자인 케네스 키드Kenneth Kidd가 제공한 자료와 전문 지식을 활용했으며, 매사추세츠주에 본사를 둔 기업인 서모피셔사이언티픽Thermo Fisher Scientific이 만든 장비를 사용한 것으로 나타났다.[33] 이외에도 지난 몇 년 동안 학술 저널들이 중국 북서부 지역의 위구르족 및 기타 소수민족의 DNA 샘플을 수집할 때 저자들이 따랐던 사전 동의 절차와 관련한 윤리 위반 문제로 일부 논문을 철회해야 했으며, 몇 가지 사례는 여전히 조사 중이다.[34]

실제로 중국 기업이 직접 또는 위장 자회사를 통해 해외 대학에 접근해 기업명을 노출하지 않으며 '산학 협력 지원'이라고 쓰인 현수막 뒤에서 자금을 제공하는 사례가 많이 있었다. 국제적인 산학 협력과 공동 연구를 촉진하는 것은 의심할 여지 없이 대학의 핵심 임무 중 하나지만, 제임스 대러비James Darrowby가 지적한 것처럼 중국 기업의 경우 공동 연구를 제안한 핵심 분야는 차세대 시청각 추적 도구 개발에 집중된 경우가 많은데, 이 기술은 잠재적으로 군사적 목적 및 국내 감시에 적용될 가능성이 높다.[35] 신자유주의에 찌든 대학들은 종종 정부 앞에서 자신의 존재를 정당화하기 위해 가능한 모든 출처에서 자금을 구하고 받아야 하기 때문에, 실사 절차를 회피하고 결국 중국과 여타 지역에서 감시와 탄압을 강화하는 프로젝트에 참여하게 된다. 그리고 이러한 종류의 공모 관계는 해외 기관과의 연구 제휴의 성격, 이해 상충, 미공개 이중 직위, 민감한 프로젝트 결과물의 유포 및 적용과 같은 문제들은 건드리지도 못한다. 이러한 상황에 대한 본질주의적 입장에서의 서술이 널리 퍼져 있지만, 이 역시 부분적인 그림만 보여줄 뿐이다. 서구의 고등 교육 기관을 타락시키기 위한 중국 국가 행위자들의 악의적인 활동이 종종 강조되긴 하지만, 시장화되고 관리주의화된 대학이 자금 지원 및 연구 협력 관계를 통해 외부의 이해관계에 얼마나 쉽게 휘둘리는지에 대한 관심은 훨씬 적다. 이 주제는 뒤에 5장에서 더 자세히 다룰 것이다.

그러나 이 수용소들은 보다 '전통적'인 비즈니스를 위한 기회이기도 하므로, 신장 지역에 대한 기업의 개입을 감시 자본주의나 감금 자본주의에 관여하는 첨단 기술 행위자의 영역으로만 축소해서 파악하는 것은 오류가 있다. 대런 바일러가 보여주듯이, 2017년 이후 중국 공장들은 재교육 수용소 시스템이 제공하는 값싼 노동력과 보조금을 이용하기 위해 신장으로 모여들고 있는데, 일부는 중국의 경제 발전 지역의 노동 비용 상승 때문이라고 설명할 수 있다.[36] 중요한 것은 수용소를 세우기 전부터 중국의 당-국가는 이미 100만 개

이상의 섬유 및 의류 산업 일자리를 이 지역으로 이전할 계획을 세우고 있었다는 점이다.[37] 그리고 이 지역의 안보화 강화로 이러한 국내 기업들만 혜택을 받는 것은 아니다. 위구르족의 강제 노동은 국내 소비만을 위해 동원되는 것이 아니라 애플, BMW, 갭, 화웨이, 나이키, 삼성, 소니, 폭스바겐 등 기술, 의류, 자동차 분야의 최소 83개 유명 글로벌 브랜드의 공급망에도 직접 포함되어 있다.[38] 이러한 연관 관계의 악명이 높아지자 2020년 10월에는 노동조합과 시민단체의 공동 압력으로 '더 나은 면화 이니셔티브'BCI: Better Cotton Initiative*와 같은 윤리적 동업자 단체가 더 이상 신장 지역에서 일하지 않겠다고 공표했으며[39], 몇몇 소속 브랜드들은 더 이상 신장 지역의 면화를 공급받지 않거나 신장의 노동자들을 고용한 공급 업체와 협력하지 않겠다고 선언했다.

'수용소 공장의 목표가 카자흐족과 위구르족을 유순하면서도 생산적인 룸펜 프롤레타리아 계급으로 만드는 것, 즉 권리를 가진 노동자 계급에게 제공되는 사회복지가 없는 계급으로 만드는 것'[40]이라는 점에서 신장의 수용소는 자본주의 체제가 스스로를 유지하기 위해 착취할 새로운 노동자와

---

* '지속 가능한 면화 생산'이라는 목표에 따라 면화 재배 시 독한 농약이나 살충제의 사용을 최소화하고 부당한 노동력과 아동 노동을 방지하며, 원면의 공급 사슬의 투명성을 증진해 생산자 지역사회의 생활 개선을 지원하려는 비영리단체다. 나이키, 아디다스, 갭 등을 비롯한 유명 글로벌 브랜드들이 BCI에 가입되어 있다.

시장을 항상 찾아 헤매고 있다는 것을 보여준다. 다시 말해 수용소는 예외적인 것이 아니며, 자본주의 체제가 중국에 의해 타락했다는 징후도 아니고 단지 자본주의 체제 자체의 특징일 뿐이라고 주장할 수 있다. 예를 들어 이러한 자본주의 체제의 특성은 미국의 치안 및 수감 시스템에서도 볼 수 있는데, 인종차별적인 수사 관행으로 젊은 흑인 남성이 엄청난 숫자로 잡혀가 차후 저임금 노동자로 공급되는 구조 속에서 이 체제는 유지되고 재생산된다.[41] 사실 위에서 설명한 담론적 연관성과 구조적 유사성을 전체적으로 고려하면, 2020년 미국 의회에서 통과된 위구르 인권정책법Uyghur Human Rights Policy Act of 2020과 인공지능 및 안면 인식 관련 중국 기업 블랙리스트는 매우 상징적이고 의심할 여지 없이 중요하지만, 인권 침해의 근본적 원인을 해결하기보다는 겉치레에 지나지 않는 해법이라고 할 수 있다.

논쟁의 한계들

이러한 맥락에서 볼 때, 그쪽이야말로주의적 주장과 본질주의적 주장은 서로 대립적으로 구성되지만, 유사한 방식으로 우리의 분석을 파편화하고 원자화함으로써 중요한 유사점, 연결점, 공모 관계들을 놓치게 해 신장의 상황을 모호하게 만들어버린다. 그쪽이야말로주의적 주장은 경멸적인 태도로 도덕적 상대주의와 위선이라는 물타기에 의지해 잘못된 행위를 합리화하면서 이 지구적 관행이 서로 연결되어 있다는 사실을 인식하지 못하게 한다. 본질주의적 주장은 신장의 끔찍한 상황을 중국 공산당의 탓으로만 돌리면서 지구적 체제에서 나타나는 연관성을 파악하는 데 실패하게 한다. 이처럼 그쪽이야말로주의와 본질주의는 모두 눈 가리고 아웅하는 식으로 큰 그림을 무시한 채 한 부분에만 집중하게 만드는 역할을 한다. 이렇게 원자화되고 근시안적인 관점은 신장 및 여타 지역에서 벌어지고 있는 참상을 진단하고 정리하는 데 필요한 분석 도구를 제공하지 못한다.

그와는 달리 대런 바일러의 '테러 자본주의'와 같은 프레임은 신장에서 벌어지고 있는 잔혹 행위와 이러한 동역학을 뒷받침하는 지구적 연관 관계에 초점을 맞춘다는 점에서 이 지역의 상황을 포착하는 데 더 적합하다.[42] 국가 권력이 민간 및 공공의 인프라와 제도를 통해 종족화-인종화를 강화하고 지구적 자본주의의 최전선에서 착취와 강탈의 동시대적 식민지 체제를 생산하는 과정의 결과로 신장 수용소를 인식함으로써, 우리는 오늘날 중국 북서부에서 일어나고 있는 상황을 이해하고 위기의 근본 원인인 그 과정에 맞서 조직화를 시도할 수 있는 더 나은 조건을 갖출 수 있다. 또한 이러한 관점은 중국 및 기타 지역에서 감시 기술 및 기타 획기적인 통제 기술의 급속한 발전으로 인한 다양한 사회경제적 영향을 이해하는 데 더 큰 도움이 된다.

4.

일대일로

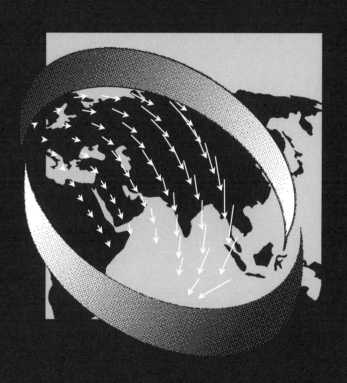

NGO에서 일하는 한 친구가 최근 어느 기자와 인터뷰를 했다. 중국이 해외 석탄 개발을 지원하는 프로젝트와 관련한 위험과 문제에 대해 설명한 이후, 이 친구는 석탄 없는 미래를 위해 노력하겠다는 개발국 당국의 약속에도 불구하고 몇몇 프로젝트가 여전히 추진되고 있다고 덧붙였다. 바로 그때 기자가 "이 프로젝트 중에 일대일로 이니셔티브에 포함되는 것이 있느냐?"고 질문하자, 그 친구는 "그 프로젝트들이 모두 추진 중인 상황에서 그 문제가 그렇게 중요한가?"라고 날카롭게 반문했다.

이 일화는 오늘날 중국의 범세계적인 관여에 대한 국제적 논의가 주로 일대일로의 측면에서 이루어질 뿐만 아니라 우리 모두가 직면해 있는 석탄과 환경 문제와 같이 관련 행위자의 국적을 뛰어넘는 문제들이 사소한 정치 문제로 축소되고 체제 차원이 아닌 국가 단위의 관점을 통해 인식되고 있음을 잘 보여준다. 그 친구의 반박을 좀 더 풀어서 얘기해보자면 다음과 같다. "(애초에) 석탄 발전소가 세워지지 않아야 하는데도 불구하고 (그 질문이 어떤 의미이든) 일대일로의 일부인지 여부가 정말 중요할까? 그 배후의 투자자가 중국인인지, 호주인인지, 유럽인인지 여부가 중요할까? 그런 문제보다는 재앙을 초래하고 있다는 그 모든 증거에도 여전히 화석 연료를 통한 전력 생산에 과도하게 의존하고 있으며, 이를 계속 장려하고 있는 자본주의 경제 체제의 지속성이라는 문제의 근본 원인을 해결하는 데 초점을 맞춰야 하지 않을까?"

최근 몇 년간 일대일로를 둘러싼 논의의 상당수는 노동권 침해부터 막대한 부채, 광범위한 추방과 환경 파괴에 이르기까지 동시대 지구적 자본주의의 발전 과정에서 우리가 계속 반복해서 직면하고 있는 다양한 공통의 문제를 제대로 인식하지 못하게 하고 있다. 중국 당-국가가 어떤 측면에서 일대일로를 민주적 제도를 역행하는 장치로 활용하고 있다고 보거나, 한편으로는 일대일로로 인해 권위주의적 경향이 강화되고 있다고 보거나, 또는 중국이 해외에서 정치적, 경제적 영향력을 높이려는 거대한 계획의 일환으로 일대일로를 바

방법으로서의 글로벌 차이나

라보는 시각은 (중국 당국과 중국인, 중국 기업 등의) 중국 행위자들이 해외에서 일으키는 문제들에 대하여 끝없는 토론을 불러일으켰다. 중국의 해외 활동에 대한 새로운 관심으로 인해 자본주의의 기능 자체와 관련한 보다 광범위한 주제들은 뒤로 밀려났다. 물론 중국의 대규모 투자와 원조가 권위주의 정부에 힘을 실어주고, 중국의 차관으로 특정 국가의 부채가 막대하게 늘어났으며, 세계 곳곳에서 중국의 프로젝트가 노동 착취와 환경 파괴로 이어졌다는 사실은 부인할 수 없다. 그러나 일대일로에만 관심을 집중하다 보면 이러한 동역학이 오늘날 우리가 목도하는 일시적인 현상보다 훨씬 더 깊은 기원을 가진 더 광범위하고 장기적인 국내적(중국 국내 및 해당 국가 국내 모두) 및 국제적 추세에 어떻게 뿌리내리고 있는지를 놓치는 경우가 많다. 마찬가지로 중국의 국제적 관여가 미치는 부정적 영향만 전적으로 강조하다보면, 이러한 문제들이 지구적 자본주의의 더 큰 그림 안에서 어떻게 자리 잡고 있는지를 간과할 위험이 있다. 이는 결국 중국의 국제적 활동과 관련해 중국에 대해 과도하게 본질주의적인 시각을 갖게 할 뿐만 아니라 우리 시대의 가장 큰 문제를 놓치게 만든다. 이러한 함정을 피해 오늘날 중국의 국제적 역할을 정확히 분석하려면, 중국을 따로 떼어내 고립된 상태로 보는 것이 아니라 중국의 해외 관여가 지역 및 지구적 자본주의의 동역학과 어떻게 병행되고 연계되며 구축되는지를 파악해야 할 것이다.

하나의, 아니, 수많은 일대일로

일대일로에 대한 이러한 집착은 어디에서 비롯된 것일까? 중국의 대외 관여에 대한 최근의 역사를 돌아보면 오늘날 우리가 목격하고 있는 논쟁이 새로운 것이 아님을 분명히 알 수 있다. 이미 1950년대에 중국 당국은 비동맹운동의 창설에 핵심적인 역할을 했으며, 차후 글로벌 사우스로 일컬어지는 다른 개발도상국에 원조를 제공하기 위해 기술자와 노동자들을 해외로 보내기 시작했다.[1] 1960년대, 중소 분열에 뒤이어 냉전이 한창이던 시기에 중국 지도부는 미국과 소련이라는 두 제국주의 세력에 맞서 제3세계의 투쟁에 전념하기로 했는데, 이 입장은 '제3세계주의'로 알려졌다.[2] 이후 냉전이 종식되고 중국이 경제 개혁의 길에 들어서면서 수십 년 동안 중국 당-국가는 이러한 '제3세계주의' 기치의 반反식민 프로젝트를 한편에 제쳐두었지만, 중국의 지구적 역할은 계속해서 격렬한 논쟁의 중심에 서게 되었다. 1990년대 들어 중국 기업들이 '해외 진출'을 시작했지만, 중국의 국제적 관여의 진정한 전환점은 1990년대 말과 2000년대 초에 베이징 당국이 '저우추취'走出去* 전략을 공식적으로 발표하고 동시에 세계무역기구에 가입하면서부터였다.[3] 한편으로는 이 획기적인 사건이 중국의 민주적 미래에 대한 자유주의적 희망을 키웠다면, 또 다른 한편으로는 착취로 인해 저렴해진 중국의 노동 비용이 다른 경제체들에 어떤 영향을 미칠지 광범위한 우려를 불러일으켰다.[4]

그러나 지난 10년 동안 중국 정부, 기업, 조직이 세계 무대에서 점점 더 적극적인 모습을 보이면서, 일대일로가 기존 질서를 바꿀지도 모른다는 상상은 중국의 지구적 부상에 대한 경각심을 고조시켰다. 시진핑은 2013년 말 카자흐스탄과 인도네시아를 국빈 방문했을 때 일대일로를 처음 발표했지만, 이후 몇 달, 몇 년에 걸쳐 점진적으로 그 구상이 구체화되었다. 일반적으로 국제적인 관심은 인프라 구축이라는 측면에만 집중되지만, 2015년 3월에 발표된 공식 행동 계획에 따르면, 일대일로는 정책 소통, 인프라 연결, 무역 원활화, 자금 융통, 민심 상통이라는 5가지 축에 기초하고 있으며, 이 요소들은 모두 같은 비중으로 중요하게 고려되어야 한다.[5] 한편, 일대일로 발표 후 곧바로 무모한 수치들이 유

---

* 중국어로 '밖으로 나가다'라는 뜻으로 중국 기업의 해외 진출을 의미한다. 2000년대 들어서 추진된 중국의 대외 개방 전략 중 하나로, 이를 통해 중국은 자국 산업의 경쟁력을 높이고 수출 및 해외 진출 확대를 도모했다.

포되기 시작했는데, 가장 널리 인용된 것은 일대일로 투자로 인해 2017년부터 10년 동안 해외 인프라에 1조 달러 이상의 외부 자금이 추가 투입될 것이라는 추정치였다.[6] 이러한 야심 찬 계획은 서구 정책 당국의 신경을 곤두서게 했다. 이후 일부 학자들은 일대일로가 많은 면에서 혼란스러운 계획이며, 중국 당국이 구상하는 세계 지배를 위한 마스터플랜과는 거리가 멀다고 강조했다.[7] 또 다른 학자들은 명백한 혼란에도 불구하고 중국 거버넌스 시스템의 특정 메커니즘을 통해 중국 정책 결정자들이 국제적 상호작용에서 핵심적인 국가이익을 추구하기 위해 다양한 행위자들을 조정할 수 있다고 지적했다.[8] 일대일로가 무엇이고 어떻게 작동하는지에 대한 일반적인 불확실성은 중국의 지구적 부상과 그 영향력에 대한 오래된 냉전 시대의 공포를 다시 불러일으키는 효과를 가져왔다.

중국 당국의 선전 활동과 그에 못지않게 강력한 비판들로 인해 논쟁은 극도로 양극화되었다. 한쪽 극단에서는 일대일로를 남남협력*의 밑바탕에 깔린 선의의 계획으로 보는데, 이를 통해 다른 방법으로는 감당할 수 없었던 저개발 국가의 인프라를 강화하여 병든 경제를 되살릴 수 있다고 본다.

*　개발도상국이 다른 개발도상국을 지원하는 방식의 국제 개발 협력 체제를 일컫는 말이다. 개발도상국들이 주로 남반구에 있어, 이와 같이 불리게 되었다.

방법으로서의 글로벌 차이나

또 다른 극단에서는 중국의 개발 원조와 해외 투자를 궁극적으로 트로이의 목마라고 보는데, 이들은 이를 통해 중국 당국이 필요한 자원과 적절한 전략 자산을 확보하고 전 세계에 정치적 영향력을 강화하려 한다고 본다. 이는 오늘날 중국 행위자들이 경제적 이득에서 정치적 정당성에 이르기까지 다양한 목적을 위해 그 어느 때보다 일대일로와 결부되기를 열망한다는 사실과 결합되어, 위에서 언급한 중국의 국제적 관여를 이해하는 프레임으로서 일대일로에 대한 초점이 불균형을 이루게 되었다. 이로 인해 여러 가지 인지 편향이 생겨났다.

혼란과 인지 편향

첫째, 중국의 국제적 관여를 분석하는 프레임으로 일대일로를 활용함으로써 우리는 '글로벌 차이나'(서론에서 설명한 이 책의 이론적 접근법으로서의 Global China와는 반대되는 global China)라고 지칭하는 현상의 다른 중요한 징후들을 무시하게 된다. 리칭콴은 "글로벌 차이나는 외국인 직접 투자, 노동 수출, 지역 간 인프라 구축을 위한 다자간 금융 기관과 중국 시민 사회 단체의 지구화, 글로벌 미디어 네트워크 구축, 고등 교육 분야의 글로벌 합작 투자에 이르기까지 무수히 많은 형태를 취하고 있다"고 주장했다.[9] 따라서 일대일로에만 초점을 제한하면 우리는 현재 중국의 지구화의 많은 중요한 측면을 간과하게 된다. 특히 일대일로를 크게 의식하다보면 암묵적으로든 명시적으로든 중국 당국이 위로부터의 글로벌 전략을 일관되게 추진하는 획일적인 행위자라는 이미지에 갇혀서 글로벌 차이나의 거대하고 형식적인 양상들을 당연한 것으로 받아들이게 된다. 이런 식으로 중국의 국제적 관여를 묘사하게 되면, 중소 규모의 비공식적인, 때로는 불법적, 편법적인 형태로 이루어지는 다양한 중국의 해외 투자와 교류를 놓치게 된다. 수만 명의 중국 금 채굴 업자들이 갑자기 가나로 불법 이주한 결과로 발생한 정치적 격변과 환경 문제부터[10] 전 세계에서 다양한 맥락으로 발생하고 있는 중국 소상공인들과 현지 행위자 사이의 여러 투쟁과 협상에 이르기까지[11], '아래로부터의 글로벌 차이나'는 현재 중국의 지구화를 이해하는 데 있어 일대일로와 관련된 것들만큼이나 중요하지만 극히 일부 사례만 주목받았다.

동시에 일대일로 관련 프로젝트의 공식 목록도 없고, 프로젝트에 일대일로 이름표가 붙는 데 있어 엄격한 기준도 존재하지 않는 등 일대일로의 본질이 명확하게 규정되지 않기 때문에 당-국가와 전혀 관련이 없고 중국의 발전 계획의 일부가 아님에도 불구하고 일부 풀뿌리 혹은 '아래로부터의'

방법으로서의 글로벌 차이나

관여가 일대일로의 일부로 묘사되거나 심지어 홍보되는 사례도 있다. 이는 혼란을 가중시키고 중국 당국이 해외의 중국 행위자와 관련한 거의 모든 일에 관여하고 있다는 인상을 강화한다. 다시 말해, 파편화되고 혼란스러운 '아래로부터의 글로벌 차이나'는 때때로 오해를 불러일으키고, 최악의 경우 완전히 왜곡되어 획일화되고 집중화된 전망의 일부로 재구성되기도 한다. 예를 들어 최근 언론에서 상당히 부정적인 관심을 끌었던 사건을 소개하자면, 캄보디아 여권을 소지한 중국인 도망자 서즈장余智江이 미얀마 카인주의 슈웨코코 지역에 현지 군벌과 협력 관계를 맺고 IT 산업 발전을 위해 건설한 '스마트 신도시'가 실제로는 온라인 도박 및 사기꾼들의 안전한 피난처가 되었던 것으로 밝혀졌다.[12] 서즈장은 자신을 해외에서 성공한 중국 재계의 애국자로, 자신의 프로젝트를 일대일로 지역 사업의 중요한 요소로 포장하기 위해 대대적인 홍보 캠페인을 벌였지만, 다수의 외부 관찰자들을 설득하는 데 큰 도움이 되지는 않았다. 미얀마 주재 중국 대사관은 공개적으로 이 프로젝트가 일대일로의 일환이라는 것을 부인했지만 현재까지도 많은 외부인들은 슈웨코코를 '일대일로 프로젝트'라고 부르고 있다.

이와 같은 사례는 글로벌 차이나가 일대일로만의 문제가 아니며, 현재 논쟁의 주를 이루는 지정학적, 경제적 프레임만으로도 충분히 설명되지 않는다는 것을 시사한다. 중국의 국제적 관여에 관해 극도로 다양한 측면을 고려하는 동시에 이것이 중국 및 해외의 내부 행위자와 동역학과 어떻게 연결되는지를 놓치지 않는 더 넓은 관점에서 이해할 때만 '글로벌 차이나'를 명확히 바라볼 수 있을 것이다. 동시에 일대일로 자체를 국가적 차원의 획일화되고 일관된 전략으로 이해해서는 안 된다. 오히려 일대일로와 그 세력권 내의 모든 것은 고도로 모호하고 파편화되어 있으며, 지역 수준의 실험을 특징으로 하는 중국 국내 정책의 수립과 실행 과정 안에 있다는 관점을 통해 인식되어야 한다.[13] 이런 의미에서 일대일로는 서부대개발西部大開發, 사회주의 신농촌 건설社會主義新農村建設 등과 같은 중국 국내의 중앙 개발 구상이 지역의 맥락 속에 내재화되고 다양한 지역의 행위자들이 정책 실행에 앞서 의제와 프로젝트를 추진하며, 중앙보다는 지역의 우선순위를 반영하는 데 활용되는 방식과 유사하다.[14]

둘째, 현재 일대일로에 초점을 맞춘 분석은 상당수가 지금 바로 이 시점에 관찰할 수 있는 것만을 지나치게 강조하여 오늘날 우리가 목격하고 있는 상황들의 역사와 배경을 무시하는 경향이 있다. 중국의 정치, 사회, 외교 정책에 대한 역사적 관점에서의 탄탄한 이해는 현재 글로벌 차이나의 출현을 분석하기 위한 전제 조건이 되어야 한다. 예를 들

방법으로서의 글로벌 차이나

어 1990년대 시작된 캄보디아, 라오스, 미얀마, 베트남, 태국 등 메콩강 유역 5개국과 중국의 윈난성 및 광시좡족자치구로 구성된 다자간 규제 대화체인 확대메콩유역 프로그램*과 일대일로가 어떻게 통합되었는지 언급하지 않고는 동남아시아에서의 중국의 관여를 논할 수 없다.[15] 또한 오늘날 중국의 문화 외교와 인적 교류 이니셔티브가 20세기 중반 이후 중국의 '제3세계주의' 유산과 글로벌 사우스에 대한 관여에 기반해 어떻게 담론적으로 구축되고 있는지도 간과해서는 안 된다.[16] 실제로 오늘날 우리가 목격하고 있는 특정한 동역학이 그리 오래되지 않은 중국의 마오주의적 과거와 중국의 해외 이주 및 디아스포라 공동체의 장기적인 역사에 뿌리를 두고 있다는 점을 무시하면 중요한 통찰을 놓칠 수 있다. (중국 출신의 국제정치경제 연구자) 장훙은 개혁 이전 시기 중국 정부의 각 부처와 지방 정부에서 관리하던 원조 제공 기관들에

---

* 1992년 아시아개발은행ADB 주도로 시작한 메콩강 유역 개발 프로그램으로 해당 지역 내 도로, 공항, 철도, 수력발전, 관광 인프라 등 개발 사업을 중점적으로 지원해왔다. 2010년대 이후로는 지역의 경제회랑 활성화 및 지속 가능한 발전을 강조하고 있다. 중국은 메콩 지역을 일대일로와 연결시켜 낙후한 서부 내륙 지역 개발과 수자원 개발과 연결시키고 있으며, 2016년 란창-메콩강 협력회의를 출범시켜 지역 국가들에게 3억 달러의 투자를 약속하기도 했다. 다만 이 지역에서는 중국의 댐 건설로 인해 메콩강 유역 국가들(태국, 베트남, 라오스, 캄보디아)이 최악의 가뭄을 겪으며 농업을 비롯해 식수 문제 등 타격을 입게 되는 일이 발생했고, 이 국가들은 이 사태가 중국의 메콩강 상류 댐 건설과 관련이 있다고 보고 강력하게 항의하여 외교 문제로 비화하기도 했다.

서 중국의 국제 건설 및 토목 도급업체들이 어떻게 생겨나게 되었는지를 상세히 기록하여 이에 대한 적절한 사례를 제시한다.[17] 1980년대와 1990년대에 정부 기관의 지위를 벗어던지고 기업으로 변한 중국의 국제 건설 및 토목 도급업체들은 오늘날 중국 당국의 '개발 금융'에 관한 의제를 결정하는 데 근본적인 역할을 하고 있다.

셋째, 그리고 무엇보다 중요한 것은 우리가 분석의 시선을 일대일로에 집중하게 되면서 해외의 중국 행위자들이 다른 행위자들과 마찬가지로 현지 국가의 특정한 상황 및 지구적 자본주의의 동역학에 얽혀 있으며, 따라서 서구의 행위자들과 마찬가지로 비슷한 게임의 규칙과 이에 수반되는 모든 영향을 적용받는다는 것을 놓치고 있다는 점이다. 예를 들어 최근 몇 년간 중국 당국이 설립을 추진한 다자간 금융 기관, 특히 중국의 지정학적 이익을 도모하는 수단으로 종종 여겨지는 아시아인프라투자은행AIIB의 구조와 기능에서 이 점을 확인할 수 있다. AIIB가 중국이 글로벌 다자 금융 분야에서 보다 영향력 있는 역할을 수행하려는 시도가 분명하다는 것은 의심의 여지가 없다. AIIB는 중국이 제안했고, 베이징에 본부가 있으며, 중국이 가장 많은 지분과 의결권을 보유하고 있다. 그러나 AIIB는 기존의 다자개발은행이 사용하던 모델을 뒤집기는커녕 다른 은행들의 모델을 모방했으며, 그

것도 훨씬 더 간결하고 '군더더기 없는' 방식으로 모방했다. 또한 세계은행, 아시아개발은행을 비롯한 기타 국제 금융 기관에서 수많은 베테랑을 영입했으며, 현재 회원국은 100개국이 넘는다. AIIB는 일대일로의 공식 문서에서도 명시적으로 '금융 통합'에서 중국의 역할을 강화한다는 측면에서 언급되고 있다.[18] 초기 몇 년 동안 AIIB 운영에서 볼 수 있듯이, 은행 프로젝트의 절반 가까이 세계은행과 공동으로 자금을 조달했으며, AIIB 대출의 최고 수혜자는 일대일로를 상당한 의심의 눈으로 바라보는 인도였다.[19]

중국이 '부채의 덫' 외교를 사용하고 있다는 증거로 가장 자주 인용되는 사례 중 하나인 스리랑카 함반토타 항구의 사례는 사실 중국의 (잘못된) 대출 관행을 맥락에서 벗어나 해석하는 것이 얼마나 심각한 오해의 소지가 있는지를 보여주는 적절한 사례다.[20] 2017년 스리랑카 정부가 차이나머천트그룹CMG: 招商局集團과 민관 합작을 체결하고 항구의 지분 80퍼센트를 이 회사에 양도하기로 한 결정은 전략적으로 해외 자산을 인수하려는 중국의 악의적인 술수로 간주하기보다는 실제로 다양한 국제 행위자들에게 여러 형태의 부채(및 그에 수반된 다양한 단서 조항)를 지게 된 결과라고 할 수 있다. 한편으로 이 항만 프로젝트는 스리랑카와 민간 기업 간의 합작 투자로 구상되었으며, 주로 중국 수출입은행의 상업 대출 및 양허성 차관을 통해 자금을 조달했다. 확실히 중국으로부터의 부채가 많았으며, 중국의 상업적 행위자들과 관련된 협약도 많았다. 그러나 항만 프로젝트의 조건을 재협상하고 지분이 차이나머천트그룹으로 넘어간 이유는 스리랑카가 경제 침체로 인해 IMF에 긴급 구제금융을 요청해야 했기 때문이다. IMF의 조건은 (대체로 그렇듯이) 비전략적 공공 자산을 민영화하고 그 수익금을 부채 상환에 사용한다는 것이었다. 이러한 맥락에서 스리랑카는 신속한 조치를 취하라는 IMF의 압박을 받아 항구의 대부분을 차이나머천트그룹으로 양도하기로 결정했다. 이처럼 함반토타 항구 사건은 중국의 부채의 덫 외교의 사례라기보다는 중국 행위자들이 복잡한 현지 환경에 뛰어들었다가 문제가 많은 현지 정부 재정 운용에 발목을 붙잡혀 현상 유지의 접근 방식을 통해 상황을 해결하려 한 사례라고 할 수 있다.

마지막으로 중국의 해외 프로젝트는 종종 다른 현지 기업 혹은 국제 기업이 시작한 기존 개발을 기반으로 구축되고, 국제 금융 기관이 촉진하며, 경우에 따라서는 서구 기업과 협력해 실행되기도 한다는 점을 고려할 때 중국의 투자가 반드시 예외적인 것은 아니라는 점도 명백하다. 예를 들어 중국 광산업체들이 다른 서구 기업들로부터 논란의 여지가 있는 채굴권을 반복적으로 인수한 사례에서 이를 확인할 수 있

　　　　　　　　　　　方법으로서의 글로벌 차이나

다. 페루의 토로모초 구리 광산은 캐나다의 한 탐사 업체가 2002년에 채굴권을 인수하여 2007년 중국 알루미늄공사에 매각하기 전까지만 해도 원래 다양한 국적의 회사들이 소규모로 채굴하던 지역이었다.[21] 1990년대 후반 캐나다 기업이 시작해 이후 20년 동안 중국 기업들이 인수한 에콰도르의 리오 블랑코 광산과 미라도르 광산 프로젝트도 마찬가지 사례라고 할 수 있다.[22] 논란이 되고 있는 미얀마의 렛파다웅 구리 광산의 사례에서처럼 아시아에서도 비슷한 동역학을 발견할 수 있다.[23] 다른 맥락에서 과거 국유화되었던 구리 산업의 민영화를 조건으로 채무 탕감 지원이 이뤄졌던 잠비아의 경우처럼 중국 기업들은 IMF나 세계은행과 같은 다자간 국제기구의 외부 정책 처방 덕분에 해당 지역에 진입해 개발권을 확보할 수 있었다.[24] 때때로 중국 기업과 서구 기업이 협력해 논란의 여지가 있는 프로젝트를 추진하는 경우도 있다. 오늘날 파푸아뉴기니에서는 캐나다 대기업 배릭골드Barrick Gold와 중국의 쯔진광업그룹Zijin Mining: 紫金礦業集團股份有限公司이 심각한 인권 침해와 환경 문제로 얼룩진 포르게라 금광을 공동으로 운영하고 있다.[25] 동아프리카에서는 프랑스의 토탈Total과 중국의 대형 국유 기업인 중국해양석유총공사CNOOC: 中國海洋石油總公司가 우간다 호이마에서 탄자니아의 탕가 항구까지 이어지는 세계 최장의 가열 방식 송유관을 건설할 계획이지만, 지역 사회와 시민 사회는 대규모 이주 문제와 빅토리아 호수 유역의 주요 생태계에 미치는 영향에 대해 우려를 표명하고 있다. 이 송유관은 중국해양석유총공사가 개발한 가스전과 연결되며, 중국 최대 국유 상업은행인 공상은행ICBC: 中國工商銀行이 프로젝트파이낸싱에 자문을 제공하고 있다.[26]

중국 기업은 경우에 따라 당-국가의 지정학적 의제에 부합하면 불확실하고 위험하며, 심지어 가능성이 낮은 프로젝트를 다른 기업보다 더 많이 떠맡는 경향이 있다는 점에서 예외적이라는 주장이 있다. 중국 기업과 은행의 투명성과 책임감이 다른 국가의 경쟁사들보다 떨어진다는 증거도 있다.[27] 그러나 중국 기업들은 절대 쓸모없는 행동은 하지 않으며, 다른 경쟁사(혹은 협력사)와 유사한 논리와 규칙의 적용을 받는다.

노동 기준은 침식되고 있는가?

중국 투자 및 해외 프로젝트의 특수성에 대한 담론에서 통용되는 생각은 중국 투자자들이 이익을 극대화하고 자국의 노동자를 고용하기 위해 기존의 현지 규정을 경시하고 현지 공동체에 해를 끼칠 가능성이 높다는 것이다. 중국 투자 해외 프로젝트의 노동권에 관한 논쟁과 문헌을 살펴보면 그림은 조금 더 복잡해진다.

글로벌 사우스의 현지 언론에서는 중국 노동자들이 현지인들의 일자리 기회를 빼앗아 가는 '침공'에 대한 우려의 목소리를 자주 볼 수 있다. 일례로 《필리핀 데일리 인콰이어러》는 2019년 2월 "필리핀에 왜 이렇게 많은 중국인 노동자가 있는가?"라는 제목의 기사에서 필리핀에 20만~40만 명의 중국인 노동자가 건설, 광업, 엔터테인먼트 분야의 일자리를 놓고 230만 명의 필리핀 실업자들과 경쟁하고 있다고 한탄했다. 그로부터 몇 달 뒤인 2019년 6월 《사우스 차이나 모닝 포스트》는 "중국 노동자들은 동남아시아에서 왜 이렇게 인기가 없을까?"라는 기사를 썼다.[28] 이러한 담론은 중국 노동력이 매우 저렴하다는 수십 년 된 생각에 근거한 경우가 많다. 하지만 실제로 개발도상국의 중국 기업이 현지 인력 확보에 어려움을 겪거나 언어 장벽 혹은 숙련도의 문제 때문에 현지 노동력을 활용하기 어려운 경우 중국에서 수입한 노동자들에 의존해온 것도 명백하다.[29] 예를 들어 캄보디아에서는 중국인 건설 노동자들이 기본적으로 동일한 작업을 수행해야 하는 상황에서도 현지 노동자들보다 5배에서 7배의 임금을 받는 것으로 나타났다.[30]

선진국에서는 중국 회사의 현지 기업 인수가 현지 노동자들에게 어떤 영향을 미칠지에 대한 불안감이 많으며, 이러한 감정은 2019년 넷플릭스의 다큐멘터리 〈아메리칸 팩토리〉에서 잘 표현된 바 있다.[31] 이러한 유형의 우려는 일반적으로 현지 노동자의 관점에서 표현되지만, 해외 중국 프로젝트에서 중국인 노동자에 대한 처우도 그다지 좋지 않다는 증거도 많이 있다.[32] 예를 들어 에런 할레구아Aaron Halegua는 태평양에 위치한 미국령 사이판의 카지노 및 고급 리조트 건설 현장에서 일하는 수천 명의 중국인 노동자들의 여러 우여곡절의 과정을 다방면에 걸쳐 기록했다.[33] 국유 기업과 민간 기업을 막론하고 여러 중국 기업에 고용된 이 노동자들은 보수가 좋은 일자리를 약속받았지만, 현지 법정 최저임금에도 못 미치는 임금과 불안정한 보건 안전 환경에서 끝없이 교대 근무를 해야 했고, 관리자들에게 여권을 빼앗긴 채 불법 체류 신분으로 인해 체포될 수 있다는 두려움 때문에 중국으로 돌아갈 수도 없었다. 할레구아는 이 사례를 논의하면서 노동조합이 없는 상태에서 이런 상황을 해결하기 위해서는 현지 언론과 국제 여론이 가장 주요하다고 강조한다.

(중국 노동 문제에 대한 연구활동가인) 장수츠는 파푸아뉴기니에 있는 중국인 소유 기업의 자회사에 파견된 한 중국인 노동자의 법적 고난의 대서사시를 그려냈다.[34] 이 노동자는 그에게 불만을 품은 현지 직원들에게 폭행을 당해 심각한 건강 문제를 겪었지만, 고용 관계의 모호성과 이 분야에 대한

방법으로서의 글로벌 차이나

중국 내 규정 미비로 인해 고용주에게 보상을 요구할 수 없었다. 중국의 노동 파견 제도의 예측 불가능한 변동성에 관해서는 2021년 여러 언론의 헤드라인을 장식했던 세르비아의 중요한 중국 프로젝트에서 중국과 베트남의 파견 노동자들이 열악한 조건에서 고용되었던 몇몇 사례에서도 발견할 수 있지만[35] 중국의 노동 파견 제도에 대한 연구는 법학자이자 변호사인 애런 할레구아와 반샤오후이의 최근 논문과 같은 몇 가지 훌륭한 예외들을 제외하고는 여전히 부족한 상태라고 할 수 있다.[36] 마지막으로 우리는 캄보디아 시아누크빌의 중국인 소유 건설 현장의 상황을 기록했는데, 그곳에서는 중국 및 캄보디아 노동자 모두 약탈적 관행에 의존해온 알선 업체와 하청 업체의 피해자였고, 2019년 온라인 도박 금지로 지역 경제가 붕괴하자 임금체불과 계약상의 속임수로 인해 헤아릴 수 없이 많은 중국인 노동자들이 오도 가도 못하게 된 상황이었다.[37]

위에서 설명한 모든 폐해 사례는 의심할 여지 없이 사실이며 비난받아야 하지만, 이러한 문제를 '중국 자본'의 전형적인 특징으로 프레임을 짜는 데에는 적어도 두 가지 이유에서 의문을 제기할 수 있다. 첫째, 기존 연구에 따르면 중국 투자자들은 현지 상황에 상당히 유연하게 적응하는 것으로 나타났다. 정위와 크리스 스미스는 유럽에 대한 중국의 투자

를 살펴보면서 중국 기업이 유럽 노동 시장에서 '기존 제도
권 주체들(국민국가, 노동조합, 고용 알선 업체)과 협상을 통해 다
양한 고용 관행을 발전시킬 수 있는 더 많은 공간'을 확보했
으며, 그 과정에서 '매우 실용적이고 적응력이 있으며 현지
기관과 협력할 의지가 있음'을 입증했다고 강조했다.[38] 이와
비슷한 맥락에서 노동조합 활동가 볼프강 밀러는 2017년 독
일 내 제조업, 물류업, 서비스업 분야의 (그린필드투자*를 포함
한) 중국 투자 기업 70여 개 중 42개 표본을 대상으로 실시한
설문조사에서 중국 투자자 진입 이후 공장과 기업 차원의 공
동 결정 문화와 단체 협약 등에 본질적인 변화가 없거나 경
우에 따라 개선된 점도 있다고 결론 내렸다.[39] 그의 연구 결
과에 따르면 광범위한 일자리 감소에 대한 우려는 현실화되
지 않았으며, 실제로 중국으로 노하우가 이전되고는 있지
만, 동시에 중국 투자 기업의 연구 개발 역량이 확대되고 있
다. 유럽에서 진행된 이러한 연구와 앞서 설명한 사이판, 캄
보디아, 파푸아뉴기니의 사례를 비교해보면, 현지 제도와
법치가 강한 곳에서는 중국 투자자들이 그 환경에 맞춰 적응
하는 경향이 있고, 반대로 제도가 약하고 법이 거의 시행되
지 않는 곳에서는 상황을 이용해 노동자에게 손해를 끼치면

---

* 해외 진출 기업이 투자 대상국에 생산 시설이나 법인을 직접 설립하여 투자하는 방
식으로, 외국인직접투자의 한 유형이다.

서까지 이익을 극대화하는 경향이 있다는 주장이 제기된다. 하지만 이는 전 세계 기업 행위자들에게 공통적인 상황이지 중국 자본만 독특한 것이라고 할 수는 없다.

둘째, 그 구성상 일관된 '중국 자본'이라는 개념 자체에 의문을 제기할 수 있다. 크리스 스미스와 정위는 노동권과 노사 관계 분야에서 해외 중국 기업의 모델로 기능할 수 있는 전형적으로 '중국적인' 직업 관행이 존재한다는 관념 자체에 문제를 제기했다.[40] 잠비아의 광산 및 건설 부문에 대한 중국의 투자를 조사한 결과, 리칭콴은 중국 국유 자본과 국제 민간 자본 사이에 몇 가지 차이점을 발견했다.[41] 두 유형의 투자자 모두 노동자에게 특별히 호의적이지는 않았지만, 잠비아의 중국 국유 기업은 다른 국가의 민간 기업에서 볼 수 있는 높은 급여와 높은 불안정성이 동반하는 '유연한 배제'와는 달리 낮은 급여와 상대적 안정성을 특징으로 하는 '안정적 착취'로 정의할 수 있는 고용 모델에 의존했다. 예를 들어 중국의 국가 투자자들은 이윤을 추구할 뿐만 아니라 중국 당–국가의 정치적 의제를 따르는 경향이 있기 때문에 자신들의 공공 이미지와 관련한 이슈에 더 민감한 것과 같이 이 두 가지 유형의 자본 이면에 있는 서로 다른 축적의 논리를 설명하면서, 리칭콴은 자본에 대한 인종화된 시각에서 소유권과 같은 다른 기준이 어떻게 자본의 행동을 결정하는지에 대한 보다 세부적인 이해로 자신의 관심을 옮겼다. 마지막으로 딩페이는 에티오피아에서의 연구를 통해 중국 기업이 직원을 관리하는 방식이 기업의 유형, 비즈니스 모델, 현지 시장 조건, 중국 본사의 지원 등에 따라 크게 영향을 받는다는 점을 지적했다.[42]

루벤 곤잘레스 비센테는 카리브해 지역에서의 연구를 바탕으로 중국 자본과 다른 유형의 자본 사이의 차이점을 찾으려면 '사전 분배 단계', 즉 자본이 형성되고 축적될 수 있는 환경이 자연적으로 사전에 존재하는 것이 아니라 중국의 외교 부서, 정책 은행, 기업 및 주재국 기관이 관련된 정부 대 정부의 합의에 의해 구축되는 환경을 살펴봐야 한다고 주장했다.[43] 중국 행위자들이 게임의 규칙을 바꾸려 했던 근거들은 바로 이 단계에서 발견할 수 있다. 예를 들어 세르비아에서는 2016년 중국 지방 정부 소유 기업인 헤스틸Hesteel이 인수한 헤스틸스메데레보 제철소가 중국 대사관을 통해 세르비아 노동부를 압박해 노동자의 병가 권리와 관련한 법안을 무력화시키는 데 성공했다.[44] 또한 우리는 캄보디아에서 중국 노동조합이 정부와 연계된 지역 노조에 재정 지원과 교육 기회를 제공하면서 어떻게 관여하고 있는지 기록했는데, 이 상황은 캄보디아 정부의 독립 노조에 대한 탄압과 결합되면서 현지 노동운동을 약화시킬 가능성이 높았다.[45] 그러나 중국의 영향력이 기존의 노동 기준을 훼손하는 데 사용되는 사례는 (적어도 당분간) 예외일 것이며, '사전 분배 단계'를 살펴보면 대부분 중국 행위자들이 경쟁자 및 그 이전의 행위자들과 동일한 압력과 규정을 적용받는 경우가 많다.

보다 상세한 이해를 위해

리칭콴은 (소문자 글로벌 차이나와 대문자 글로벌 차이나 둘 모두를 포함하는) 글로벌 차이나 개념의 기저에 있는 복잡성을 논의하면서, '패권, 제국, 신식민주의 측면에서 포괄적이고 거대한 일반화에 손쉽게 의지하는 것'에 대해 경고한다. 동시에 '세밀하고 근거를 갖춘 경험적, 비교적 연구'가 필요하다고 주장한다.[46] 이를 위해서는 모든 것을 일대일로의 관점에서 해석하려는 강박을 줄이고 대신 중국 행위자들의 현장에서의 실제 행동에 초점을 맞춰 시작하는 것이 중요하며, 고착화된 선입견을 넘어 숨겨진 유사점과 연결점을 발굴하고, 중국의 지구화 패턴이 기존의 배열과 공식에서 구축되고 진화하는 방식을 밝혀내는 노력이 필요하다. 학술적 논쟁, 그리고 더 나아가 미디어와 정책 토론은 지정학적, 거시경제적 측면에서 중국의 국제 관여를 검토하는 관점들이 주를 이루지만, 최근 몇 년 동안 여러 젊은 문화인류학자와 사회과학자들이 다양한 환경에서 글로벌 차이나를 어떻게 경험할 수 있는지에 대한 훌륭한 연구를 생산해내고 있다.[47] 또한 학계와 시민 사회 간의 연계를 구축해 중국의 프로젝트들이 해외에 미치는 사회적 영향을 근거를 잘 갖춰 경험적인 관점에서 더 잘 기록하기 위한 시너지를 창출하기 위한 노력도 계속되고 있다. 일례로 이 분야에서 선구적으로 환경 문제에 초점을 맞췄던 "차이나 다이얼로그"China Dialogue: 中外對話*가 있으며, 보다 최근의 실험으로는 "글로벌 차이나 인민 지도"가 있다. 이러한 연구와 노력이 '부채의 덫' '조용한 침공' 혹은 '상생'의 수사와 '남남협력'을 주장하는 사람들이 제안하는 것만큼 매력적인 서사를 만들어내지는 못하겠지만, 일상생활에서 글로벌 차이나를 경험하는 사람들에게 글로벌 차이나가 실제로 무엇을 의미하는지 이해하고 향후 중국식 지구화의 폭넓은 함의를 더 잘 그려낼 수 있도록 도와줄 수 있을 것이다.

---

* 런던과 베이징에 본부를 둔 독립적인 비영리단체로 주로 중국 환경 문제를 중심으로 전 세계의 환경 및 지속 가능성 문제에 중점을 두고 활동하고 있다. 홈페이지는 chiandialogue.net이다.

5.

학계

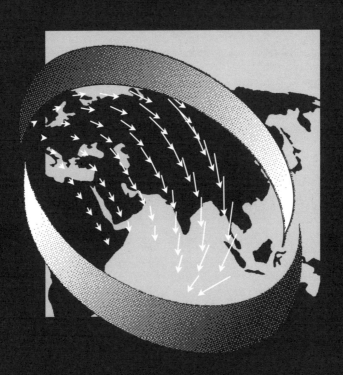

첨예한 논쟁의 영역이 되고 있는 중국과 서구 학계의 연결고리에 주목하면서 이 책을 마무리하려고 한다. 19세기 후반부터 외국 정부와 종교 단체는 정치적 영향력 강화, 기독교 전파 혹은 단순한 인도주의적 이유로 중국 내 교육 기관을 후원해왔다.[1] 오늘날까지도 중국의 최고 학문 기관으로 남아 있는 베이징대학은 1898년에 이와 같은 목표 아래 설립되었다. 비슷한 맥락에서 오늘날 '산파술적 접근법'을 지지하는 사람들은 주로 중국인 유학생 수와 연구 협력의 급속한 증가를 통해 이뤄지고 있는 중국 학계와 서구 학계와의 교류를 중국에 자유주의 국제 체제의 규범과 가치를 '교육'하는 광범위한 전략의 핵심 도구로 보고 있다. 그러나 최근 몇 년 동안 대학, 출판사, 연구자들이 중국 행위자들과의 협업과 관련해 스캔들에 휘말리는 일이 빈번하게 발생하고 있다. 이러한 상황으로 인해 중국에 대한 서구의 학문적 참여는 점점 더 부정적인 시각으로 묘사되고 있으며, 서구 대학 내에서 중국을 본질적으로 외부의 부패한 세력으로 보는 시각이 이러한 담론의 주를 이루고 있다.

이 장에서는 최근의 스캔들 중 몇 가지를 검토해보고, 그 기저의 동역학을 분석할 것이다. 먼저 많은 논란이 되고 있는 공자학원을 집중적으로 살펴본 다음, 서구 대학과 (대학과 기업 모두를 포함하는) 중국 행위자들 간의 기타 협력 관계의 형태를 검토한 이후, 오늘날 많은 학술 출판이 그 상업적 성격으로 인해 중국 당–국가의 검열 요구를 얼마나 쉽게 받아들이고 있는지에 대한 성찰로 이 장을 마무리할 것이다.

(중국이 투자한) 중국 특색 대학의 지구화

지난 10년 동안 국제 학계에서 중국의 영향력을 논의할 때 공자학원이 유독 많이 등장했다. 2000년대 초반 설립된 공자학원은 전 세계에 중국어와 중국 문화 학습을 장려하는 것을 목표로 하는 교육 기관으로 중국 교육부의 관할하에 있다. 대학과 독립적으로 운영되는 기관인 독일의 괴테인스티투트Goethe-Institut나 스페인의 세르반테스문화원Instituto Cervantes

과는 달리 공자학원은 대학에 통합되어 중국 대학과 공자학원에 장소를 제공하는 해외 대학 간의 파트너십으로 설립된다. 마샬 살린스^{Marshall Sahlins}는 이러한 운영 방식을 '학술적 악성 코드'라고 명명했다.[2] 공자학원은 상당히 유연하게 운영되며, 현지 상황에 따라 다양한 세부 협약을 체결하기 때문에 전 세계적으로 공자학원의 관행을 일반화할 수는 없다.[3] 그러나 지난 몇 년간 공자학원은 전 세계 대학에서 언론의 자유 및 학문의 자유와 관련해 여러 유명한 사건에 연루되어왔다. 예를 들어 2009년 노스캐롤라이나주립대학은 공자학원의 반대로 달라이 라마의 강연을 취소했고, 2013년 시드니에서도 비슷한 일이 벌어졌다.[4] 그리고 2014년 포르투갈 브라가와 코임브라에서 열린 유럽 중국학회 학술대회에서 전 세계 공자학원의 운영 본부인 국가한판國家漢辦*이 일부 자금을 지원했는데, 당시 한판의 총본부주임인 쉬린許琳이 학술대회 주최 측도 모르게 대만의 장징궈국제학술교류기금회蔣經國國際學術交流基金會와 대만 국립중앙도서관 정보가 담긴 학술대회 프로그램 페이지를 삭제하도록 지시하는 큰 스캔들이 발생했다.[5]

---

* '국가한어국제보급영도소조판공실'國家漢語國際推廣領導小組辦公室의 줄임말로 해외에 중국어와 중국 문화를 보급하기 위해 1987년 세워진 기구이며, 전 세계에 퍼져 있는 공자학원의 운영 본부라고 할 수 있다.

이와 같은 극적인 사건을 드물지 않으며, 공자학원이 소재 대학에 미치는 더 치명적인 두 가지 악영향이 있다. 한편으로는 공자학원과 관련된 많은 사람들이 '민감한 주제'에 대하여 자기 검열을 할 위험이 있으며, 공자학원은 '중국 이야기를 잘 전달하기'라는 중국의 폭넓은 프로젝트에 비非중국 기관을 교묘하게(혹은 노골적으로) 끌어들이는 역할을 해 왔다.[6] 또 다른 한편으로 소규모 대학에서는 중국 관련 이슈에 대한 활동 자원이 부족하기 때문에 공자학원이 중국 관련 담론의 주도권을 독점하는 경우가 많다. 다른 자금원이 없는 대학은 공자학원이 제공하는 돈을 받거나 그렇지 않으면 중국과 관련된 교육이나 활동을 아예 포기해야 하는 경우가 많으며, 이는 교수진과 학생 모두에게 피해를 준다. 공자학원은 중국에 대해 긍정적인(그리고 기이하게도 종종 오리엔탈리즘적인) 이미지를 제공하는 경향이 있기 때문에(물론 이러한 기관의 임무를 고려할 때 이런 경향은 이해할 수 있지만, 그렇다고 문제가 없는 것은 아니다) 이는 명백한 딜레마를 낳는다. 이러한 역학 관계의 한 사례로 한 유럽 대학 소재 공자학원의 중국인 공동 책임자는 우리 중 한 명에게 정치적으로 더 민감한 다른 주제에 대한 연구를 포기하는 조건으로 중국어로 된 학술서 번역 작업에 상당한 액수의 자금을 공개적으로 제안한 적이 있었다. 우리는 당연히 그 제안을 거절했지만, 어떤 사람들에게는 거절하기 힘든 큰 금액일 수 있었다.

이러한 문제들을 고려할 때, 유럽과 북미의 많은 대학, 특히 중국과의 관계가 경색된 국가에서 공자학원을 폐쇄하거나 협약을 갱신하지 않는 것은 놀라운 일이 아니다. 마찬가지로 특히 규모가 작고 자금력이 부족한 기관들에서 공자학원이 널리 유지되고 있으며, 글로벌 사우스 전역에서 공자학원에 대한 수요가 여전히 많다는 것 역시 놀라운 일이 아니다.[7] 많은 교육 기관에서 공자학원을 유치하는 이유는 무엇보다도 중국어 교육과 중국어 자원에 필요한 자금을 확보하는 가장 우선적인 방법이기 때문이다. 공자학원은 중국어 교사와 강의 자료뿐만 아니라 상당한 초기 자본을 제공한다.[8] 경우에 따라 공자학원은 비용 절감을 목적으로 기존 중국 관련 학과나 연구 부서의 업무를 위탁받기도 하는데, 이런 일은 실제로 호주의 뉴캐슬대학에서 벌어져 교수진과 학생 모두의 반발에 부딪혔다.[9] 서구의 신자유주의적 학계의 구조적 결함의 결과로 공자학원은 대학에 편입되어 장소에 따라 다소 노골적인 방식으로 영향력을 행사할 수 있게 되었다. 협약은 각 기관에 맞게 조정되고, 공자학원은 종종 비공개 협약을 활용하기 때문에 일반적으로 조건이 투명하게 공개되지는 않는다.[10]

이 협약에서 가장 문제가 되는 측면 중 하나는 공자학원과 협력하는 중국 연구 프로그램의 신규 채용 문제다. 최근 몇 년 동안 여러 대학에서 중국 연구 분야의 채용 진행 중이라는 광고를 게재하는 일이 많았는데, 이 직책은 해당 대학의 강사이자 그 대학 소재 공자학원의 관리자 혹은 부관리자를 겸직하는 자리였다. 이러한 방식으로 공자학원은 공자학원의 활동을 관리하고 향후 대학에서 중국 연구의 방향을 만들어나갈 연구자의 심사 및 채용에 직접적으로 관여한다. 공자학원에서 수용 가능하다고 판단하는 주제에 대해 작업하는 우수한 학자들이 많지만, 학계의 자리가 부족하고 경쟁이 치열한 현재 상황에서 중국 연구 분야의 채용에 영향을 미칠 수 있다는 것은 이 분야에 중요한 함의를 갖는다. 그리고 공자학원이 자신들이 관여하는 채용 과정에 이데올로기적 요구를 강요하는 데 주저하지 않는다는 증거도 명백하게 존재한다. 실례로 2012년에 맥마스터대학은 파룬궁 추종자라는 사실이 드러나 직위에서 물러나게 된 한 공자학원 교사가 제기한 소송을 처리해야 했다.[11]

기타 논란의 여지가 있는 협업

그러나 공자학원이 서구 대학에서 중국에 대한 연구와 교육을 담당할 수 있는 유일한 중국의 학술 협력 기관인 것

방법으로서의 글로벌 차이나

은 아니다. 중국 정부가 서구의 교육 기관에 직접 투자를 하거나, 중국 내 서구 교육 기관과 다양한 파트너십을 맺고 관련 센터나 연구소 등을 설립하는 데 정부 자금을 쓰기도 했다. 예를 들어 2018년 케임브리지대학의 지저스칼리지는 중국 정부의 국가발전개혁위원회로부터 20만 파운드의 기금을 받아 영국-중국 글로벌 이슈 대화 센터를 설립했다. 또한 이 대학은 화웨이로부터 15만 5000파운드를 지원받았고, 이후 화웨이를 우호적으로 묘사한 백서를 제작했다.[12] 또한 지저스칼리지에는 중국 국유 기업 경영진과 정부 관료를 대상으로 교육 프로그램을 운용하고 중국에서 활동하는 다국적 기업으로부터 거액의 기부금을 받는 단체인 케임브리지 중국 개발신탁기금의 사무소도 자리하고 있다.[13] 마지막으로 케임브리지대학은 2018년에는 중국 정부로부터 1000만 파운드의 자금을 지원받아 케임브리지대학-난징 기술 혁신 센터를 설립했다. 중국 난징에 위치한 이 센터는 케임브리지대학이 해외에 설립한 첫 번째 연구 센터로 스마트 시티에 대한 연구를 육성하고 기술 기업을 파트너로 유치하는 것을 목표로 하고 있다. 이 센터가 논란의 여지가 있는 연구에 관여했다는 의혹은 아직 없지만, 우리는 이 책의 3장에서 MIT를 포함한 주요 국제 학술 기관들이 '스마트한' 혹은 '안전한' 도시 프로젝트라는 미명하에 중국 국가 안보 기관 및 기타 문제적 행위자들과 사업 관계를 맺고 있는 인공지능 회사들과 연구 파트너십을 체결하고 신장에서 당-국가의 감시 능력을 강화하는 데 관여한 혐의로 조사받고 있는 것을 살펴봤다.[14]

중국 내 서구 대학의 해외 캠퍼스, 드물게는 중국 대학의 해외 설립 예정 캠퍼스에 대해서도 비슷한 의문이 남아 있다. 후자의 상황을 보여주는 예로, 지난 1년간 헝가리 부다페스트에 푸단대학 캠퍼스를 건설하려는 계획은 헝가리 중앙 정부의 강력한 지원을 받았지만, 투명성 부족과 예산 능력에 대한 여러 실질적 우려 등을 비롯해 많은 이유로 부정적인 여론을 불러일으켰다.[15] 2012년 설립되어 현재 확장 중인 뉴욕대학과 화동사범대학의 합작법인인 뉴욕대학 상하이 캠퍼스는 전자의 논란을 보여주는 대표적인 사례이다. 뉴욕대학은 항상 학문의 자유가 상하이 캠퍼스의 핵심 원칙이라고 강조해왔다. 대학 규정 편람에 "대학은 진리를 확립하기 위한 수단으로 열린 토론과 자유로운 담론을 추구하는 공동체다. 대학은 토론과 이의 제기를 통해 성장하며, 이는 대학 내 학문의 자유의 문제로 보호되어야 한다"고 명시하고 있다.[16] 그러나 최근 뉴욕대학 상하이의 교수진과의 인터뷰에 따르면, 민감한 특정 주제에 대해서는 언급하지 말아야 한다는 일반적인 인식이 있는 것으로 드러났다. 한 익명의 교수는 "모두가 약간의 두려움에 휩싸여 있으며 … 논의할 수 없는 특정 주제가 있다는 일반적 인식이 있다"고 밝혔다.[17] 그리고 상하이 이외 지역에서도 자기 검열의 압박이 존재한다. 뉴욕대학 본교의 역사학 교수이자 중국 현대 지성사의 대가 중 한 명인 레베카 칼Rebecca Karl은 자신이 상하이 캠퍼스의 임용 블랙리스트에 올랐으며, 동료 학자들로부터 상하이의 동료들에게 해가 될 수 있으니 홍콩 시위 관련 행사를 주최하지 말라는 말을 들었다고 폭로했다.[18] 이러한 폭로에 대해 뉴욕대학 상하이 캠퍼스의 학생부처장 로렌 싱클레어는 "뉴욕대학 상하이 캠퍼스에서는 서로 불쾌감을 주지 않으려는 의도를 가지고 이야기한다"며 "뉴욕대학은 입장을 바꾸지 않을 것이다"라고 밝혔다.[19] 이로 인해 '열린 토론'과 '자유로운 담론'이라는 핵심적인 학문의 원칙과 '다른 사람들의 사고에 중대한 영향을 미칠 수 있는 독창적이고 엄격하며 중요한 통찰력을 만들어낸다'는 교육 사명에 대한 뉴욕대학의 약속에 의문이 제기되었다.

그렇다면 우리는 서구의 학술 기관들이 중국의 정치적 행위자들과의 협력과 그들로부터의 자금 지원을 지켜내기 위해 학문의 자유에 대한 약속과 세상을 더 나은 곳으로 바꾸겠다는 암묵적 사명을 넌지시 포기하는 사례를 어떻게 이해해야 할까? 이러한 사례는 중국 공산당의 전례 없이 부패한 권력을 보여주는 것일까? 혹은 순진한 서구의 학술 기관들이 자유롭고 민주적인 가치를 중국에 전파하려는 선의로 이러한 협력 관계를 맺었다가 결국 그 만남으로 인해 스스로 굴종하게 된 사례를 발견한 것일까? 마거릿 루이스가 무척 자세히 논의했듯이, 이러한 관점은 미국 대학에서 과학 분야의 스파이를 식별하는 것을 목표로 하는 미국 법무부의 '차이나 이니셔티브'China Initiative*를 뒷받침하는 본질주의적 관점으로 보인다.[20] 안타깝게도 중국과 관련이 있는 것으로 추정된다는 이유로 차이나 이니셔티브에 따라 기소된 MIT의 천강陳剛과 테네시대학의 후안밍胡安明의 경우**처럼, 중국으

---

* 2018년 재임 기간 중 도널드 트럼프 미국 대통령이 법무부에 지시해 도입한 방첩 정책으로, 중국 정부가 미국에서 일하는 중국계 과학자들을 이용해 첨단 기술을 빼가는 산업 스파이 활동을 막기 위해 도입했다. 실제로 일부 아시아계 연구자들에게 유죄 평결이 내려지기도 했으나, 이 정책이 인종차별을 부추긴다는 문제 제기가 계속되었고 결국 2022년에 공식 폐기되었다.

** 천강은 중국 후베이 출신으로 캘리포니아대학 버클리 캠퍼스에서 박사학위를 받고 2001년부터는 매사추세츠공과대학에서 재직 중이었다. 열공학과 나노기술을 전공한 그는 이 분야에서 상당한 연구 업적을 가진 학자였다. 그는 차이나 이니셔티브로 인해 2021년 1월 FBI에 의해 체포되었는데, 미국 정부에 연구 보조금을 신청하면서 중국 기업과 중국 대학으로부터 연구 자금을 받은 것이 그 이유였다. 2022년 1월 미국 법무부는 그에 대한 형사 고발을 기각했으나 그는 1년간 직장에 출입하지 못하는 조치를 당하고 연구 팀과도 연락이 금지되는 등 부당한 대우를 받았다.

후안밍은 중국 산둥 출신으로 캐나다로 이민을 간 학자로 미국 테네시대학에서 교수로 재직 중이었다. 그의 전공은 항공우주와 나노기술 분야였으며, 중국과의 관계를 숨기고 NASA의 연구에 관여한 혐의로 기소되었다. 그는 차이나 이니셔티브 정책의 첫 번째 대상자이기도 했다. FBI는 조사와 재판이 이뤄지는 2년간 그를 따라다니면서 감시했으며, 그 기간 후안밍은 직업이나 수입 없이 가택연금과 다름없는 상태에 있었던 것으로 알려졌다. 2021년 9월 그는 혐의에 대해 최종적으로 무죄를 판결받았다.

로부터 이러한 '부패 세력'을 뿌리 뽑겠다는 과정에서 무고한 피해자들이 그물에 걸려들고 있는 실정이다. 두 경우 모두 기소가 취하되었고 학자들은 직장으로 복귀했지만, 개인적으로나 직업적으로 상당한 고통을 겪어야 했다.[21] 이 사례들은 중국이 위협이라는 본질주의적 시각이 팽배하고 학자들도 수년간 박해의 표적이 되었던 1950년대의 어두웠던 시절을 떠올리게 한다.[22]

차이나 이니셔티브의 과도한 적용과 중국 자금의 해로운 영향력을 둘러싼 논쟁의 상당 부분은 표적이 된 무고한 연구자들에게 치명적이다. 그뿐만 아니라 그 상황들은 궁극적으로 오늘날 신자유주의화된 대학이 시달리고 있는 보다 근본적인 문제를 모호하게 만들며, 지식재산권 도용이나 억압적 목적으로 사용될 수 있는 신기술 개발로 이어질 수 있는 학술적 협력 문제를 방지하기 위해 보다 유효한 전략의 사용을 주장해온 사람들의 명분을 약화시키고 있다.[23] 사실 '중국의 영향력'을 보여주는 사례에서 '중국적인 것'을 강조하지 않고 대신 현재 서구의 학문 지형을 지배하고 있는 신자유주의적으로 경영되는 대학 모델, 즉 끊임없이 예산 감축에 직면해 외부 자금과 등록금을 최대한 끌어모으는 데 집중하고 있는 대학 모델로 초점을 전환하면, 학문적 역동성에 해로운 영향을 미친다는 점에서는 위에서 설명한 사례들과 유사하지만 중국 행위자가 연루되지 않은 수많은 사례를 발견할 수 있다.

예를 들어 스터디그룹Study Group과 같은 민간 기업은 여러 대학과 제휴하여 학생들의 학부 또는 석사과정을 '준비'하기 위한 특별 과정을 제공한다.[24] 학생들이 이러한 고액의 과정을 통과하면 일반 입학 절차의 일부를 우회하여 입학할 수 있다. 스터디 그룹과 같은 기업은 공자학원과 마찬가지로 대학 구조 내에서 명확한 관리 감독 없이 진입해 운영되는 외부 주체로 예산의 빈틈을 이용해 자신의 목표를 달성한다. 또한 공자학원과 이런 기업들 모두 대학의 정규직 직원과 동일한 보호를 받지 못하는 자체 직원들을 고용하고 있으며, 학계에서 점차 확산되고 있는 비정규직화 추세를 활용하고 강화한다.

또한 서구의 대학들이 의심스러운 이해관계자들로부터 막대한 자금을 지원받아 군사적으로 사용될 수 있거나 기타 윤리적으로 모호한 용도의 연구를 진행하는 등 학계와 서구의 군산복합체 간의 협력에 대한 우려스러운 사례도 많이 발견할 수 있다.[25] 마지막으로 중국인이 아닌 사적 행위자들이 자신의 이데올로기적 의제를 알리고 학계의 채용에 통제권을 행사하기 위해 서구의 대학에 진입하려는 사례도 적지 않다. 예를 들어 코크인더스트리Koch Industries의 소유주인 찰스

　　　　　　　　　　　방법으로서의 글로벌 차이나

코크와 지금은 고인이 된 그의 동생 데이비드 코크는 미국에서 보수적인 정책 의제를 추진하기 위해 대학 내 연구 센터와 기타 활동에 적극적으로 자금을 지원했는데, 이러한 코크 형제의 행태에 저항하는 "코크로부터 대학을 해방시키기"UnKoch My Campus*라는 캠페인이 벌어지기도 했다.26 2021년 예일대학의 베벌리 게이지Beverly Gage 교수는 학교의 권위 있는 대전략 과정의 책임자 자리에서 물러났는데, 이는 이 과정의 억만장자 기부자들이 자신들이 원하는 대로 하지 않으면 기금을 철회하겠다고 위협하는 등 교육과정에 영향을 미치려고 했기 때문이다.27

가장 악명 높은 사례는 아마도 호주 사업가 폴 램지Paul Ramsay가 서구 문명을 찬양하기 위해 2017년에 유산을 기부하여 설립한 램지서구문명센터Ramsay Centre for Western Civilization일 것이다. 램지센터가 호주의 여러 대학에 제안한 내용은 많은 논란을 불러일으켰고, 결국 호주국립대학은 학문적 진

---

* 석유산업으로부터 시작해 현재는 원자재, 섬유, 비료, 화학 등 다양한 사업 분야에 걸쳐 수많은 자회사를 가지고 있는 대기업이다. 코크 형제가 지분의 84퍼센트를 보유하고 있는 가족 기업으로, 막강한 자본력을 바탕으로 자신들의 이념적 지향을 확산하기 위해 여러 싱크탱크와 대학, 언론 등에 엄청난 자금을 지원했으며, 이는 보수 성향 이념의 확산으로 이어져 환경오염을 법적으로 정당화하거나 기업 감세 정책을 마련하는 등 실제 제도로도 이어졌다. 이에 코크 형제의 행보를 반대하는 캠페인인 "코크로부터 대학을 해방시키기"가 벌어지기도 했고, 이 캠페인을 주도한 단체는 코크 형제가 여러 대학에 자금 지원을 빌미로 교수 임용 등에 영향을 끼쳤다는 사실을 폭로하기도 했다.

실성에 대한 우려와 교수진 및 교육과정에 대한 통제 문제로 인해 이 제안을 거부했다.[28] 하지만 이런 논란에도 불구하고 울런공대학은 비밀 협상을 통해 램지센터의 재정 지원을 받아 서구문명학 학사 과정*을 개설했다.[29]

이러한 맥락에서 볼 때, 공자학원과 기타 서구 학술기관에서의 '중국의 영향력'은 신자유주의화된 학계의 광범위한 쇠퇴의 한 증상이며, 이 쇠퇴는 해결해야 할 보다 근본적인 문제라고 할 수 있다. 이 논의에서 우리의 주장은 중국의 정치적 행위자들이 서구 학술 기관의 핵심적 가치로 규정하는 부분 중 일부에 도전하고 있다는 사실을 경시하자는 것은 아니다. 보다 정확히 얘기하자면, 이들의 존재와 활동을 설명함에 있어 중국의 사례들이 다양한 외부 이해관계자들이 신자유주의적 대학을 포섭하는 방식, 즉 주로 공공 자금을 투입해 수십 년에 걸쳐 구축된 연구 인프라를 운영하는 대신 상대적으로 최소한의 자원을 들여 자신들의 의제를 추진하는 방식과 어떻게 유사하게 가고 있는지를 잘 살펴봐야 한다는 것이다. 그리고 이러한 의제들은 종종 이 기관들이 여전

---

* 호주의 램지서구문명센터는 보수파 정치인들이 이사회의 구성원으로 참여하고 있었으며, 대학에 개설하는 서구문명학 과정이 서구 문명에 대한 무비판적 견해를 확산하고 교육과정에서 식민주의 및 제국주의의 부정적 영향을 축소, 삭제할 것이라는 우려를 샀다. 특히 호주의 부끄러운 과거로 인식되기도 하는 백호주의와 같은 인종차별주의를 다시 불러일으키는 것은 아닌가라는 비판을 강하게 받았다.

방법으로서의 글로벌 차이나

히 유지하고 있다고 주장하는 가치들과 명백하게 모순되는 경우가 많다.

상업적 학술 출판의 함정

학술 출판의 상업화는 중국 행위자들의 관여가 신자유주의화된 학계의 전반적인 쇠퇴를 얼마나 더 강화하고 있는지 보여주는 또 다른 사례이다. 2017년 8월 케임브리지대학 출판부가 중국 검열 당국에 굴복해 중국 연구 분야의 저명 학술지 중 하나인 《차이나 쿼털리》The China Quarterly의 논문 315개에 대한 접근을 차단한 사실이 드러났다.[30] 당시 이러한 검열 행위는 광범위한 항의와 보이콧 운동에 직면했고 다행히도 케임브리지대학 출판부는 결국 결정을 번복했다.[31] 상업 출판사와의 익명의 인터뷰를 통해 중국에서 만연한 자체 검열 관행이 드러났으며, 검열 행위에 나선 출판사가 케임브리지대학 출판부만이 아니라는 것도 곧 밝혀졌다.[32] 그로부터 몇 달 뒤인 2017년 10월, 세계 최대 학술 출판사인 스프링거 네이처Springer Nature는 중국 정부의 요청에 따라 중국 웹사이트에서 최소 1,000개의 논문을 접근 '제한'했다고 시인했다. 당시 출판사는 "중국에서 콘텐츠 배포가 금지되는 것이 저자, 고객, 더 폭넓게는 과학계와 학술 공동체의 이익이나 연구 발전에 도움이 된다고 생각하지 않는다"고 선언했다.[33] 이듬해 몇몇 학자들은 스프링거네이처가 중국 당국의 요청에 따라 '트랜스 문화 연구' 도서 시리즈에 실린 '정치적으로 민감한' 콘텐츠를 중국 웹사이트에서 삭제하고 있다고 공개적으로 문제를 제기했다.[34] 도서 시리즈 편집자들의 문제 제기에 출판사는 현지 법률을 따랐을 뿐이라고 반박하며 자체 검열 행위를 계기로 중국에서 매출이 증가했다는 사실을 들먹였다.

이 사건들은 보통 중국의 강경함과 자신감의 증대, 그리고 중국 시장에 대한 접근성을 유지하기 위해 학술 출판사들이 얼마나 많은 노력을 기울이고 있는지를 극적으로 보여주는 것으로 해석된다. 대부분의 논평가들이 중국 당국의 검열 관행에 분노를 표출하는 데 집중하고 있지만, 우리는 이러한 역학 관계를 과학적 연구 결과의 보급을 수익성이 높고 착취적인 사업으로 변질시킨 상업적 출판 방식을 학계가 묵인하고 있다는 더 넓은 맥락에서 이해해야 한다고 주장한다. 스프링거네이처는 제2차 세계대전 이후 다양한 기관이나 전문 학회에서 소규모 저널과 책을 발간하던 학술 출판이 오늘날 주요 기술 기업보다 높은 수익을 끌어모으는 거대한 시장으로 변모하는 상업적 혁명의 선두에 서 있다. 이 수익은 공공 사회가 ① 연구비를 지원하고 ② 저자, 편집자, 동료 심사자의 급여를 지원하며 ③ 대학 도서관 구독을 통해 출판된 결과물을 구매하는 '3중 지불 시스템'을 통해 이루어진다.[35] 설상가상으로 이 연구는 터무니없이 비싼 유료화의 벽 뒤에 갇혀 있어 애초에 이 연구에 자금을 지원한 대중들이 접근할 수 없게 된다.[36] 이 시스템은 어떠한 정부의 검열 체제가 꿈꾸는 것보다 훨씬 더 효율적으로 대중들의 학술 연구 접근을 차단한다.[37] 실제로 일부 출판 기업들은 현재 사용자를 감시하기 위해 학술 도서관에서 운용하는 프록시 서버에 설치할 새로운 형태의 스파이웨어를 개발하고 있으며, 이를 통해 유료화 장벽의 훼손 없이 수익을 안전하게 지키려고 한다.[38]

인터넷을 통해 과학적 연구 결과를 손쉽고 저렴하게 전파할 수 있다는 점을 고려하면 현재의 상황은 분명 불합리하지만, 그럼에도 불구하고 효과적으로 현재의 학술 출판 시스템과 경쟁하기가 매우 어려운 실정이다. 오픈 액세스open access* 운동이 일어나긴 하지만, 이 운동은 종종 기존 출판 시스템의 방식을 벗어나는 것이 아니라 기존 시스템을 통해서 운영된다. 예를 들어 대중들이 온라인에서 논문을 아무 제한 없

---

* 비용과 기술적 장벽의 제약 없이 이용 가능한 연구 성과물을 뜻한다. 기존의 학술지 생태계가 극도로 상업화되어 일반 대중들이 학술적 성과물에 쉽게 접근할 수 없게 되자 지식의 공공성을 회복하자는 뜻을 가지고 추진된 운동으로 누구라도 무료로 정보에 접근 활용할 수 있도록 연구 성과 생산자와 이용자가 정보를 공유하는 행위를 이른다.

이 이용할 수 있도록 출판사에 비용을 지불하는 방식이다. 이윤 지향적 출판 산업은 그 지배력에 도전할 수 있는 공간을 매우 효과적으로 제한해왔다. 이 상업적 기관들은 학술지와 인용 지수, 학술지 순위를 매기는 데 사용되는 공식 '영향력 지수'impact factors를 통제한다. 이 시스템에서 정의하는 '최상위 학술지'에 논문을 게재할 수 있는 능력은 학계 취업, 정년 보장, 승진, 성공적인 연구비 수주 등을 위해 매우 중요하다.[39] 또한 최상위 학술지에 게재된 논문 수는 대학 순위 시스템에서 중요한 역할을 한다(그리고 이 대학 순위 시스템도 이 상업적 기관들이 소유하고 운영한다). 이로 인해 학계에서는 상업적 학술 출판사와의 착취적 관계에서 벗어나기가 극도로 어려워졌다.

이런 맥락에서 이윤 지향적 출판사에 대한 학계의 종속이 일반적인 상황에서 상업 출판사가 중국 시장에 지속적으로 접근하기 위해 중국 정부의 검열 요구를 충실히 따르거나 심지어 선제적으로 자체 검열을 하는 것은 놀라운 일이 아니다. 무엇보다도 이윤을 중시하는 시장 체제에서 이러한 결정은 당연한 결과다. 상업적으로 손해를 끼치기 위해서 출판사들을 보이콧하라는 요구는 실제로 그 보이콧 행위로 출판사의 상업적 이익이 줄어들면 효과가 있을지 모르겠지만, 이는 애초에 잘못된 행동을 유발한 바로 그 이윤 추구 메커니즘을 통해 이루어지는 것일 뿐이다. 마찬가지로 국제 학술 출판물을 성공적으로 검열한 중국 정부를 단순히 비난하는 것은 이러한 사건을 가능하게 한 근본적 원인, 즉 학술 출판 메커니즘의 근본적인 위기를 모호하게 만들 위험이 있다.

어둠의 학계를 넘어서

대학이 신자유주의 논리에 따라 작동하고 정량적 목표 달성과 수익 창출에만 관심이 있는 관료들로 구성된 '어둠의 학계'에 의해 운영되는 '좀비' 기관으로 퇴화되었다는 것을 지적하는 글들이 최근 몇 년간 많이 나왔다.[40] 여기엔 여러 함의가 있다. 인류학자 데이비드 그레이버David Graeber에 따르면, 학계의 상업화와 관료화로 인해 현상을 변화시키는 창의적인 '시적 기술'이 단순히 현상을 지탱하는 '관료적 기술'로 바뀌었다.[41] 대학이 '불쉿 잡'Bullshit Jobs*으로 비대해지고 수많은 순위와 평가를 통해 연구자들을 서로 경쟁시키는 관리 계급에 의해 운영되면서, 획기적인 아이디어를 추구하는

* 데이비드 그레이버가 명명한 개념으로 쓸모없고 무의미한 직업을 뜻한다. 보다 구체적으로 "유급 고용직으로 그 업무가 너무나 철저하게 무의미하고 해로워서, 그 직업의 종사자조차도 그것이 존재해야 할 정당한 이유를 찾지 못하는 직업 형태"로 정의된다. 그레이버는 현대 사회에서 일만을 위한 일을 하는 거대한 사무직 관리 업무 부문이 비대해졌다는 점을 비판하기 위해 이런 개념을 만들어냈다.

곳으로서의 학계라는 개념 자체가 사그라지고 있다.[42] 순응성과 예측 가능성이 중요한 덕목으로 추앙받으면서 대학의 목적은 점점 더 단순히 뻔한 것을 확인하고, 시장에 즉각적으로 적용될 수 있는 기술과 지식을 개발하며, 직업 훈련을 제공한다는 미명하에 학생들로부터 천문학적으로 높은 등록금을 징수하는 것이 되었다(따라서 인문학에 대한 총공격이 이어지고 있다).

피터 플레밍Peter Fleming이 주장했듯이, 우리는 이제 "기업화가 (재정적, 조직적, 개인적, 주관적 차원에서) 너무 철저하게 진행되어 현재 상황에서 이를 되돌리기란 거의 불가능하다고 느껴지는 단계에 와 있으며, 대부분의 학자들은 이에 저항하기는커녕 폐허 속에 머무르는 방법을 찾아냈을 뿐이다."[43] 이러한 맥락에서 '학문의 자유'와 같은 학문적 삶의 핵심 원칙이 어떻게 실질적으로 전복되었는지 쉽게 알 수 있다.[44] 중국 행위자들의 활동과 영향력은 이러한 맥락에서 신자유주의화된 대학이라는 말기 질환의 또 다른 심각한 증상으로 해석해야 한다고 우리는 확신한다.

나가며

    지난 몇 년 동안 우리는 이 책의 일부와 이 책에서 진전시킨 주장의 일부를 다양한 청중에게 발표할 기회를 가졌다. 그때마다 우리는 당신들의 주장이 '지구적 자본주의'의 동역학으로 초점을 옮겨 당-국가의 범죄를 경시한다고 주장하는 '본질주의적' 관점을 가진 사람들과 대립했으며, 중국의 급속한 발전과 서구의 결점(및 제국주의의 역사)을 모두 알아보지 못하고 있다는 '그쪽이야말로주의'의 주장을 지지하는 사람들로부터 비판을 받는 등 진퇴양난의 상황에 빠지게 되는 경우가 많았다. 다시 말해, 우리가 이 책에서 제시하는 주장, 즉 지구적 자본주의와 국제적 관여의 장기적인 역사 속에서 핵심 행위자로서의 중국의 출현을 맥락화하는 것이 매우 중요하다는 주장은 중국의 논쟁적인 국내 정책이나 점차 커지고 있는 세계적인 존재감을 이해하기 위한 기존의 지배적인 참조 프레임에 깔끔하게 들어맞지 않는다.

21세기 중국의 지구화가 우리 공동체의 미래에 어떤 의미를 갖는지를 파악하고 싶다면 세계 속의 중국을 재개념화하거나 글로벌 차이나를 방법으로 삼는 프로젝트가 매우 중요한 시도라는 것이 우리의 신념이다. '방법으로서의 글로벌 차이나'는 보다 맥락화된 지구적, 역사적, 관계적 관점에서 중국을 재해석한다는 의미를 갖는다. 이는 중국이 '실재' 세계 외부 혹은 그 너머에 존재하는 외부적 존재, 즉 따로 분리해서 고립적으로 분석할 수 있는 별개의 실체가 아님을 인정하는 것을 뜻한다. 글로벌 차이나를 방법으로 삼는다면 '중국 현상'의 특수성뿐만 아니라 중국의 지구화를 뒷받침하는 과정, 즉 세계 체계 속에서 중국과의 얽힘이 크게 늘어나면서 생겨나는 연결점과 유사점, 지속과 진화, 단절 등에 분석의 초점을 맞출 수 있다.

중국을 둘러싼 논의가 '본질주의'적 프레임과 '그쪽이야말로주의'적 프레임 사이에서 점점 더 양극화되고 있지만('산파술'적 접근법은 이제 완전히 쇠퇴하는 것처럼 보이지만 여전히 중국을 '개선'하려 관여한다는 미명하에 문제가 있는 관계의 지속을 정당화하는 데 활용되고 있다), 우리는 이 책을 통해 중국을 이해하는 데 있어 가능한 대안적 접근법의 청사진을 제시하려고 한다. 즉, 우리는 이 책에서 수십만 명의 위구르족 및 기타 소수민족에 대한 구금, 노동운동 탄압, 감시 강화, 비판적 내용에 대한 검열 등 최근 몇 년간 중국 당국이 채택한 정책에 대해 매우 비판적인 태도를 유지하면서도 동시에 이러한 새로운 상황들이 광범위한 지구적 추세 속에 어떻게 내재해 있고 서로 연관되어 있는지에 대한 시야를 놓치지 않는 것이 가능함을 입증한다. 우리는 이러한 연결점과 유사점, 지속과 진화를 찾아내는 것이 우리 모두가 살고 있는 이 체제의 근본적인 결함을 해결하기 위한 의미 있는 정치적 행동의 필수 전제 조건이라고 믿는다.

저자 후기

    우리가 중국에 머물며 중국에 대해서 연구를 시작한 지 20년
이 지났다. 우리 중 한 명은 중국의 노동권에 대해서, 또 다
른 한 명은 중국의 포용금융Financial Inclusion*에 대해서 주로 연
구해왔다. 오늘날 우리가 목도하는 중국은 우리가 학문적 여
정을 시작했을 때와 비교하면 분명히 매우 다른 곳이다. 크
리스 코너리Chris Connery가 'WTO 시대'라고 명명한 2000년대
중국 사회에서 더욱 도드라졌던 문화적, 사회적, 정치적 역
동을 관찰하고 거기에 참여하며 우리가 느꼈던 흥분은 이미
오래전에 사라졌다.[1] 그 시기 중국에서는 진보 세력이 부상

---

*   포용금융은 사회적 약자들에게 금융 서비스를 이용할 기회를 제공해 금융 소외 계
    층의 금융 접근성을 높이려는 정책과 운동 등을 의미한다. 즉, 모든 경제 주체가 다
    양한 금융 서비스에 효과적으로 접근할 수 있게 하려는 여러 움직임을 뜻한다.

하고 있었는데, 시진핑 집권 이후 당-국가가 통제와 탄압을 강화해 그 마지막 남은 사람들을 질식시키려는 시도를 지켜보면서 우리는 참담함을 느낄 수밖에 없었다. 한편, 전 세계 곳곳에서 포퓰리즘이 확산되고, 디지털 감시가 만연해지고, 폭력과 전쟁이 일상화되면서 지역 간의 차이가 점점 더 모호해지자, 이러한 불안감은 더욱 커지고 있다. 점점 더 심각해지는 기후 위기와 같은 공동의 위기에 맞서기 위해 함께 힘을 모아야 할 때임에도 불구하고 말이다.

여러분들이 읽고 있는 이 책은 이러한 중대한 변화의 한가운데서 중국에 머물며 중국에 대해서 연구를 수행한 개인적인 경험일 뿐만 아니라, '메이드 인 차이나 저널'을 10년 동안 편집해온 작업의 결과물이기도 하다. 중국학 학술 공동체 및 중국 전반에 지적 관심을 갖는 대중에게도 중요하게 소구되는 오픈 액세스 출판물 '메이드 인 차이나 저널'의 편집장으로서, 저명한 기성학자들부터 새로운 세대의 신진 연구자들에 이르기까지 말 그대로 이 분야 최고의 연구자 수백 명과 함께 작업할 수 있는 기회가 있었다. 그렇기에 이 책은 학문 분야와 방법론, 정치적 입장의 차이를 뛰어넘어 우리가 그들에게서 배운 것들을 압축한 작업이기도 하다.

'메이드 인 차이나 저널'은 중국 노동 문제에 관한 월간 뉴스레터에 뿌리를 두고 있다. 우리 중 한 명이 2012년 이탈

167

리아 노동조합에 중국의 노동정책과 노동운동에 대한 최신 정보를 제공하기 위해 발행한 뉴스레터였다. 2015년에 뉴스레터에 대한 자금 지원이 중단되었을 때, 이 프로젝트는 끝난 것 같았다. 하지만 우리는 호주국립대학교에서 박사후 연구원을 시작하며 만난 젊은 동료 연구자들과 함께 이 프로젝트를 '뉴스레터'에서 '저널'이라는 더 발전된 형태로 되살리기로 결정했다. 당시에는 프로젝트를 어떻게 성장시킬지에 대한 명확한 계획이 없었고, 중국 사회가 어떻게 변화하고 있는지, 그리고 이러한 변화가 국경을 넘어 어떤 반향을 불러일으키는지에 대한 세세한 이해를 제공해 중국에 대한 주류적 서사에 도전해야 한다는 인식만 있었다.

2016년 4월 개편된 '메이드 인 차이나 저널' 창간호를 발간했을 때, 노동조합원 및 활동가, 정책 담당자, 학자들로부터 예상치 못한 열렬한 환영을 받았다. 그때부터 이 프로젝트는 우리가 원래 예상했던 것과는 다르게 빠른 속도로 발전했다. 이후 몇 년 동안 '메이드 인 차이나 저널'은 젊은 학자들이 쓴 서너 편의 에세이가 실리던 초창기를 지나 신진 학자들과 중견 학자들이 모두 참여하여 주제별로 많은 글이 실리는 현재의 저널로 꾸준히 성장했다. 이 과정에서 우리는 중국의 노동, 인권, 시민 사회와 관련한 문제에서 중국 정치와 사회 전반으로 그 주제의 초점을 확장했다. 또한 젊은 학자와 활동가들이 모여 일주일 동안 토론하는 여름학교를 조직하고 책을 출판하는 등 다양한 활동을 시작했다. 우리가 출판한 책으로는 중국 공산당의 정치사회적 담론에 대한 비판적 개론서인《중국 공산주의의 유산들》, 중국 서북부의 위구르족 및 기타 소수민족 대량 억류에 관한 글을 모은《신장원년》, 중국 노동운동의 기념비적 역사를 공동 집필한《프롤레타리아 중국》, 그리고 바로 이 책《방법으로서의 글로벌 차이나》등이 있다.

현재 '글로벌 차이나 연구'로 통칭되는 이 분야는 지난 몇 년 동안 급격히 성장했는데, 이는 중국의 국제적 입지가 커진 것에 따른 변화이기도 하다. 한편, 그에 따라 우리와 같은 연구자들이 중국에 접근하기가 어려워지기도 했다. 팬데믹으로 인해 우리는 젊은 학자 및 활동가들과 협력하여 두 가지 새로운 프로젝트를 발전시켰는데, 하나는 '글로벌 차이나 인민 지도'이고 또 다른 하나는 '메이드 인 차이나 저널'에 이은 두 번째 저널인 '글로벌 차이나 펄스'다. '글로벌 차이나 인민 지도'는 전 세계 시민 사회가 참여해 복잡하고 빠르게 변화하고 있는 중국의 국제 활동을 추적하는 참여형 온라인 플랫폼이다. 중국의 국제 프로젝트를 매개 변수로 해서 관련한 중국 기업과 은행, 그리고 이들이 미치는 사회적, 정치적, 환경적 영향에 따라 분류 가능한 국가별, 프로젝트별

개요로 구성된 이 지도 플랫폼은 국제적 동역학을 반영할 뿐 아니라 정치 및 기업 엘리트에 의해 종종 소외되는 현지의 목소리를 전달하는 정보 인프라를 제공하고 있다. '글로벌 차이나 펄스'는 글로벌 차이나의 다양한 측면을 연구하는 연구자와 활동가들이 다양한 형식과 내용으로 글을 발표할 수 있는 새로운 출구를 제공함으로써 '글로벌 차이나 인민 지도'를 보완하는 역할을 한다.

개별적이고 다양해 보이는 우리의 모든 활동은 두 가지 신념에 기반하고 있다. 그 어느 때보다 오늘날 학계와 대중 사이의 간극을 메워야 한다는 믿음과 사상의 자유로운 유통을 제한하고 있는 상업 출판사로부터 학술 연구를 윤리적으로 재전유하기 위해 오픈 액세스가 필요하다는 믿음이 그것이다. 전자는 이제는 언급하는 것이 진부하게 느껴질 정도로 너무나 자명한 것이지만, 후자에 대해선 조금 더 자세히 설명할 필요가 있다. 지난 몇 년 동안 기존 학술 출판 대기업과 대학 출판사가 중국 정부의 요청에 따라 콘텐츠를 검열하거나 콘텐츠에 대한 접근을 제한한 사실이 여러 차례 드러났다.[2] 당시 많은 사람들이 중국 당국의 끔찍한 검열 관행을 지적했지만, 우리는 그 검열 관행뿐만 아니라 주류 학술 출판의 상태에 더 광범위한 문제가 있다는 것도 발견했다. 거대 영리 대기업이 학술지를 대량으로 인수해 엄청나게 비싼 구독료를 부과하고 수익을 창출하는 것이 이 분야의 주된 흐름이 된 것은 바로 대학의 신자유주의화 때문이다. 우리의 모든 프로젝트에 어떤 이들이든 자유롭게 접근할 수 있는 것은 지난 수년간 이뤄진 여러 대학과 비정부기구의 아낌없는 지원 덕분에 가능했던 일이며, 이는 상업적 논리에서 벗어나 여러 의견을 표현할 수 있는 공간을 다시 확보하려는 시도였다.

즉, 여러분들이 지금 읽고 있는 이 책은 지난 10년 동안의 노력으로 일궈낸 것이다. 우리는 '메이드 인 차이나 저널'의 편집자 자격으로 중국에 대한 국제적인 논쟁을 관찰하고 그에 참여해왔다. 이 과정에서 우리는 정치적 스펙트럼에서 서로 반대편에 있는 두 극단적인 견해, 즉 중국을 사회주의 낙원으로 여기는 이들과 중국을 자본주의 '서구'가 표방하는 가치에 대한 실존적 위협으로 보는 이들이 점차 주류가 되어가는 것을 불안과 우려의 시선으로 지켜봐 왔다. 이 책은 중국을 외부에 존재하는 별개의 존재가 아니라 우리 모두가 살고 있는 세계의 일부로 다시 생각할 수 있는 대안적 틀을 마련하려는 시도로, 중국에 관한 공적 논쟁에 대한 우리의 개입이기도 하다. 우리의 목표는 안타깝게도 여전히 중국에 관한 지배적 담론으로 기능하는, 중국을 근본적으로 외부의 '타자'로 간주하는 '본질주의'적 관점에 도전하는 것이다.

중국에 대한 논의의 방향을 바꾸려는 우리의 노력이 성공적인지는 조금 더 지켜봐야 하지만, 다양한 프로젝트를 통해 그 목표를 이루기 위해 계속 노력하고 있다. 하지만 동시에 여러 문제에 직면해 있기도 하다. 한편으로 우리는 추가 수당이나 급여 없이 모든 편집 업무를 진행하고 있음에도 불구하고 프로젝트 운영비를 충당하기 위한 자금을 마련하는 데 계속해서 어려움을 겪고 있다. '영향력'과 '성과 확산'에 대한 집착에도 불구하고 학계 관리자들은 자신들의 '연구 성과' 측정 기준에 맞지 않는 프로젝트에 대해서는 지원을 꺼리는 경우가 많다. 동시에 자금 지원 기관은 기존에 진행 중인 연구 계획에 지원하는 것을 꺼리며, 그 대신 일시적이고 의심스러울지라도 새로운 프로젝트에 자금을 지원하는 것을 선호한다. 오픈 액세스를 지원하기 위해 특별히 마련된 자금이 있기는 하지만, 우리와 같은 실험적인 출판물에는 거의 사용되지 않고 학술 출판 산업의 시장화에 앞장서는 상업적 대기업이 관리하는 '전통적인' 학술 출판물의 금고로 들어가는 경우가 많다. 또 다른 문제는 편집자들의 작업을 바라보는 현재 학계의 시각이다. 리처드 윌크Richard Wilk는 "편집은 지식의 체계를 세우고 연구의 질을 판단하며, 새로운 주제를 찾고 연결 고리를 구축하는 작업으로 가장 고되지만 저평가된 학술 작업이다"라고 명쾌하게 요약한다.[3] 우리의 경험에 따르면, 현재 신자유주의화된 학계에서 편집 작업은 대체로 힘들지만 보상은 못 받는 일일 뿐 아니라 젊은 학자들의 경력에도 손해를 보는 일일 수 있다. 실제로 우리가 이 일을 시작했을 때, 선의를 가진 많은 선배 동료들로부터 이 프로젝트들이 정년 보장 일자리나 승진으로 이어지지 않을 것이기 때문에 시간을 낭비하고 있는 것이라는 충고를 받기도 했다.

이러한 관점은 고故 데이비드 그레이버David Graeber의 다음과 같은 암울한 견해를 뒷받침해주는 것 같다. "학계가 명석하지만 유별나면서도 실용적이지 못한 이들을 위한 사회의 피난처였던 때가 있었다. 그러나 더 이상은 아니다. 이제 학계는 전문적인 셀프 마케터의 영역이다."[4] 그럼에도 불구하고 앞서 설명한 전반적인 암울함 속에서도 학계에는 여전히 상황을 바꿔내기 위해 고군분투하는 진보적인 세력이 존재하며, 이들의 도움 덕분에 우리는 오랜 시간 동안 계속 나아갈 수 있었다. 하지만 지식의 추구나 전파보다는 개인의 자기 계발에 더 관심이 많은 이들이 지배하는 대학 정치의 변덕스러움을 고려하자면 대학의 지원만으로는 충분치 않다. 이러한 이유로 우리는 2023년에 새로운 비영리조직인 '글로벌 차이나 랩'the Global China Lab을 설립해 모든 프로젝트들을 하나의 우산 아래 통합했으며, 독자와 시민 사회의 지원을 받기로 결정했다. 이러한 노력이 성공할 수 있을지는 아직 미지수지만 우리는 아직 포기할 때가 아니라고 생각한다.

이반 프란체스키니, 니콜라스 루베르

캄보디아 프놈펜과 스웨덴 룬드에서

2024년 5월 3일

주

역자 해제

1. madeinchinajournal.com
2. thepeoplesmap.net/globalchinapulse

들어가며

1. Thomas, P. (2020). Trump Backed Xi over Concentration Camps for Uighur Muslims, Ex-aide Bolton Claims. *Independent*, 17 June. www.independent. co.uk/news/world/americas/us-politics/trump-uighur-muslims-concentrationcamps-xi-china-john-bolton-book-a9571921.html
2. Teng, B. 滕彪. (2020). 中美比较如何成为一种病毒[How Comparisons between the United States and China Became a Virus]. 纽约时报中文网 [*The New York Times Chinese* Website], 28 May. https://cn.nytimes.com/opinion/20200528/coronavirus-china-us-pandemic.
3. Mizoguchi, Y. (translated by V. Murthy). ([1989]2016). China as Method. Inter-Asia Cultural Studies, 17(4), pp. 516.
4. Emirbayer, M. (1997). Manifesto for a Relational Sociology. *American Journal of Sociology*, 103(2), pp. 281.
5. Dirlik, A. (2017). *Complicities: The People's Republic of China in Global*

Capitalism. Chicago, IL: Prickly Paradigm Press, p. 1.

6. Lee, C. K. (2017). *The Specter of Global China: Politics, Labor, and Foreign Investment in Africa*. Chicago, IL: University of Chicago Press, p. xiv.

7. 위의 글.

8. 예를 들어 다음 글을 참조하라. Lee, G. B. (2018). *China Imagined: From European Fantasy to Spectacular Power*. London: Hurst Publishers.

9. 예를 들어 다음 글을 참조하라. Nyíri, P. and Breidenbach, J., eds. (2013). *China Inside Out: Chinese Nationalism and Transnationalism*. Budapest: Central European University Press.

10. Weber, I. M. (2020). Could the US and Chinese Economies Really 'Decouple' *The Guardian*, 11 September. www.theguardian.com/commentisfree/2020/sep/11/us-china-global-economy-donald-trump; Weber, I. M. (2021). How China Escaped Shock Therapy: The Market Reform Debate. Abingdon, UK: Routledge.

1. 지구적 시각에서 살펴본 중국의 노동

1. Van Der Sprenkel, S. (1983). *Labor Legislation of the Chinese Soviet Republic*. In W. E. Butler, ed., The Legal System of the Chinese Soviet Republic. New York: Transnational Publishers, pp. 107-13.

2. Siu, K. (2020). *Chinese Migrant Workers and Employer Domination: Comparisons with Hong Kong and Vietnam*. Singapore: Palgrave Macmillan.

3. Chan, A. (2001). China's Workers under Assault: The Exploitation of Labor in a Globalizing Economy. New York: M. E. Sharpe.

4. Chan, A. (2003). A 'Race to the Bottom': Globalization and China's Labour Standards. *China Perspectives*, 46, pp. 1-13.

5. Chen, F. (2016). China's Road to the Construction of Labor Rights. *Journal of Sociology*, 52(1), pp. 24-38.

6. Gallagher, M. E. (2005). Contagious Capitalism: Globalization and the Politics of Labour in China. Princeton, NJ: Princeton University Press, pp. 101-3.

7. Hui, E. S. (2017). *Hegemonic Transformation: The State, Laws, and Labour Relations in Post-Socialist China*. New York: Palgrave Macmillan; Gallagher, M. E. (2017). *Authoritarian Legality: Law, Workers, and the State*.

Cambridge: Cambridge University Press.

8. Chan, A. and Siu, K. (2012). Chinese Migrant Workers: Factors Constraining the Emergence of Class Consciousness. In B. Carrillo and D. S. G. Goodman, eds., *Workers and Peasants in the Transformation of Urban China*. Cheltenham, UK: Edward Elgar, pp. 79-101; Elfstrom, M. (2021). *Workers and Change in China: Resistance, Repression, Responsiveness*. New York: Cambridge University Press; Friedman, E. (2014). *Insurgency Trap: Labor Politics in Postsocialist China*. Ithaca, NY: Cornell University Press; Lee, C. K. (2007). *Against the Law: Labor Protests in China's Rustbelt and Sunbelt*. Berkeley, CA: University of California Press.

9. Hui, E. S. (2017). 앞의 책.

10. Lee, C. K. (2007). 앞의 책.

11. Gallagher, M. E. (2007). Hope for Protection and Hopeless Choices: Labor Legal Aid in the PRC. In E. Perry and M. Goldman, eds., *Grassroots Political Reform in Contemporary China*. Cambridge, MA: Harvard University Press, pp. 196-227.

12. Franceschini, I. (2016). *Lavoro e diritti in Cina: Politiche sul lavoro e attivismo operaio nella fabbrica del mondo* [*Labour and Rights in China: Labour Policies and Worker Activism in the World Factory*]. Bologna: Il Mulino, p. 153.

13. Gallagher, M. E. and Dong, B. (2011). Legislating Harmony: Labor Law Reform in Contemporary China. In S. Kuruvilla, C. K. Lee, and M. E. Gallagher, eds., *From Iron Rice Bowl to Informalization: Markets, Workers and the State in a Changing China*. Ithaca, NY: Cornell University Press, pp. 36-60.

14. Guan, H. (2007). 构建和谐劳动关系与劳动法制建设[The Establishment of Harmonious Labour Relations and the Edification of the Labour Law System]. 法学杂志[*Law Review*], 3, pp. 29-32.

15. Shi, J. (2006). New Labour Law Would Bring Conflicts, European Firms Fear. *South China Morining Post*, 22 April.

16. AmCham Shanghai. (2006). Labor Contract Law Comments to NPC(April 2006). The document is no longer available online, pp. 20-21.

17. Gallagher, M. E. and Dong, B. (2011). 앞의 글에서 재인용,

18. Franceschini, I. (2009). The New Labour Contract Law of the People's

177

Republic of China: A Real Step Forward for Chinese Trade Unions? Centro Alti Studi sulla Cina Contemporanea working paper. No longer available online but on record with the authors.

19. Gallagher, M. E., Giles, J., Park, A., and Wang, M. (2015). China's 2008 Labor Contract Law: Implementation and Implications for China's Workers. Human Relations, 68(2), pp. 197–235; Gallagher, M. E. (2022). The Labour Contract Law and Its Discontents. In I. Franceschini and C. Sorace, eds., *Proletarian China: A Century of Chinese Labour*. London: Verso Books, pp. 587–98.

20. Geng, Y. and Zhou, C. (2012). 劳动合同法修正案征得55万意见[Draft Labour Contract Law Amendment Receives Over 550,000 Comments]. 21世纪经济报道[21st Century Business Herald], 8 August, p. 6.

21. Jiang, Y. (2012).劳动合同法修改二审推延[The Second Phase of the Labour Law Amendment Is Delayed]. 经济观察网 [*The Economic Observer*], 27 October. http://finance.sina.com.cn/roll/20121027/065013498848.shtml

22. Chan, C. K. (2014). Constrained Labour Agency and the Changing Regulatory Regime in China. *Development and Change*, 45(4), pp. 704; Hui, E. S. and Chan, C. K. (2016). The Influence of Overseas Business Associations on Law-Making in China: A Case Study. *The China Quarterly*, 225, pp. 145–68.

23. China Labour Bulletin. (2014). No More Delay: The Urgent Task of Implementing Collective Bargaining in Guangdong. *China Labour Bulletin*, 20 May. https://clb.org.hk/content/no-more-delay-urgent-taskimplementing-collective-bargaining-guangdong; Hui, E. S. and Chan, C. K. (2016). The Influence of Overseas Business Associations on Law-Making in China: A Case Study. *The China Quarterly*, 225, pp. 145–68.

24. Harper, P. (1969). The Party and the Unions in Communist China. *The China Quarterly*, 37, pp. 84–119.

25. Zhang, Y. (2022). Workers on Tiananmen Square. In I. Franceschini and C. Sorace, eds., *Proletarian China: A Century of Chinese Labour*. London: Verso Books, pp. 496–505.

26. Lin, K. (2022). The Blocked Path: Political Labour Organising in the Aftermath of the Tiananmen Crackdown. In I. Franceschini and C. Sorace,

eds., *Proletarian China: A Century of Chinese Labour*. London: Verso Books, pp. 535-44.

27. Chan, A. (2022). Voices from the Zhili Fire: The Tragedy of a Toy Factory and the Conditions It Exposed. In I. Franceschini and C. Sorace, eds., *Proletarian China: A Century of Chinese Labour*. London: Verso Books, pp. 506-13.

28. Howell, J. (2022). From Green Shoots to Crushed Petals: Labour NGOs in China. In I. Franceschini and C. Sorace, eds., *Proletarian China: A Century of Chinese Labour*. London: Verso Books, pp. 526-34.

29. Franceschini, I. and Nesossi, E. (2018). State Repression of Chinese Labor NGOs: A Chilling Effect? *The China Journal*, 80, pp. 111-29.

30. Chan, C. K. (2013). Community-Based Organizations for Migrant Workers' Rights: The Emergence of Labour NGOs in China. *Community Development Journal*, 48(1), pp. 6-22; Xu, Y. (2013). Labor Non-Governmental Organizations in China: Mobilizing Rural Migrant Workers. *Journal of Industrial Relations*, 55(2), pp. 243-59.

31. Lee, C. K. and Shen, Y. (2011). The Anti-Solidarity Machine? Labor Nongovernmental Organizations in China. In S. Kuruvilla, C. K. Lee, and M. E. Gallagher, eds., *From Iron Rice Bowl to Informalization: Markets, Workers and the State in a Changing China*. Ithaca, NY: Cornell University Press, pp. 173-87.

32. Chen, F. and Yang, X. (2017). Movement-Oriented Labour NGOs in South China: Exit with Voice and Displaced Unionism. *China Information*, 31(1), pp. 155-75; Froissart, C. (2018). Negotiating Authoritarianism and Its Limits: Worker-Led Collective Bargaining in Guangdong Province. *China Information*, 32(1), pp. 23-45; Franceschini, I. and Lin, K. (2019). Labour NGOs in China: From Legal Mobilisation to Collective Struggle (and Back?). *China Perspectives*, 2019 (1), pp. 75-84.

33. Froissart, (2018), 앞의 글.

34. Franceschini, I. and Nesossi, E. (2018). State Repression of Chinese Labor NGOs: A Chilling Effect? *The China Journal*, 80, pp. 111-29.

35. Franceschini, I. and Nesossi, E. (2016). The Foreign NGOs Management Law: A Compendium. *Made in China Journal*, 1(2), pp. 34-41.

36. Snape, H. (2021). Cultivate Aridity and Deprive Them of Air: Altering the

Approach to Non-State-Approved Social Organisations. *Made in China Journal*, 6(1), pp. 54-9.

37. Andreas, J. (2019). *Disenfranchised: The Rise and Fall of Industrial Citizenship in China*. New York: Oxford University Press, pp. 8-9.

38. Zhou, I. (2020). *Digital Labour Platforms and Labour Protection in China*. ILO Working Paper 11. Geneva: International Labour Organization. www.ilo.org/wcmsp5/groups/public/-asia/-ro-bangkok/-ilo-beijing/documents/publication/wcms_757923.pdf.

39. Chen, B., Liu, T., and Wang, Y. (2020). Volatile Fragility: New Employment Forms and Disrupted Employment Protection in the New Economy. *International Journal of Environmental Research and Public Health*, 17(5): 1531.

40. Gallagher, M. E. (2022). The Labour Contract Law and Its Discontents. In I. Franceschini and C. Sorace, eds., *Proletarian China: A Century of Chinese Labour*. London: Verso Books, pp. 587-98.

41. Chan, J. (2022). The Foxconn Suicide Express. In I. Franceschini and C. Sorace, eds., *Proletarian China: A Century of Chinese Labour*. London: Verso Books, pp. 626-35.

42. Feng, E. (2021). He Tried to Organize Workers in China's Gig Economy: Now He Faces 5Years in Jail. *NPR*, 13 April.www.npr.org/2021/04/13/984994360/References 61he-tried-to-organize-workers-in-chinas-gig-economy-now-he-faces-5-years-in-jail.

43. 위의 글.

44. Chen, E. (2021). These Chinese Millennials Are 'Chilling'and Beijing Isn't Happy. *The New York Times*, 3 July. www.nytimes.com/2021/07/03/world/asia/china-slackers-tangping.html; Day, M. (2021). China's Downwardly Mobile Millennials Are Throwing In the Towel. *Jacobin*, 25 June. https://jacobinmag.com/2021/06/chinese-studentswhite-collar-workers-millennials-lying-flat-tang-ping

2. 디지털 디스토피아

1. Bratton, B. (2021). *The Revenge of the Real: Politics for a Post-Pandemic World*. London: Verso Books.

2. *Economist*. (2016a). China Invents the Digital Totalitarian State. *The Economist*, 17 December. www.economist.com/news/briefing/21711902-worryingimplications-its-social-credit-project-china-invents-digital-totalitarian

3. 위의 글.

4. Villarreal, D. (2021). What Top Republicans Are Saying about Vaccine Passports. *Newsweek*, 30 March. www.newsweek.com/what-top-republicansare-saying-about-vaccine-passports-1579984

5. Carney, M. (2018). 'Leave No Dark Corner'. *ABC News*, 18 September. www.abc.net.au/news/2018-09-18/china-social-credit-a-model-citizen-in-a-digitaldictatorship/10200278

6. Clover, C. (2016). China: When Big Data Meets Big Brother. *Financial Times*, 19 January. www.ft.com/content/b5b13a5e-b847-11e5-b151-8e15c9a029fb; Palin, M. (2018). China's 'Social Credit' System Is a Real-Life 'Black Mirror' Nightmare. *New York Post*, 19 September. https://nypost.com/2018/09/19/chinas-social-credit-system-is-a-real-life-black-mirror-nightmare; Zeng, M. J. (2018), China's Social Credit System Puts Its People Under Pressure to Be Model Citizens. *The Conversation*, 23 January. http://theconversation.com/chinas-social-credit-system-puts-its-people-under-pressure-to-bemodel-citizens-89963

7. 위의 글.

8. *Economist*. (2016b). China's Digital Dictatorship. *The Economist*, 17December. www.economist.com/news/leaders/21711904-worrying-experiments-newform-social-control-chinas-digital-dictatorship

9. Loubere, N. (2019). *Development on Loan: Microcredit and Marginalisation in Rural China*. Amsterdam: Amsterdam University Press.

10. Zhang, C. (2020). Governing (through) Trustworthiness: Technologies of Power and Subjectification in China's Social Credit System. *Critical Asian Studies*, 52(4), pp. 565–88.

11. State Council. (2014). 国务院关于印发社会信用体系建设规划纲要(2014 - 2020年)的通知.

12. Heilmann, S. (2008). From Local Experiments to National Policy: The Origins of China's Distinctive Policy Process. *The China Journal*, 59, pp. 1–30.

181

13. Zhang, (2020), 앞의 글, p. 566.

14. Daum, J. (2019). Untrustworthy: Social Credit Isn't What You Think It Is. *Verfassungsblog*, 27 June. https://verfassungsblog.de/untrustworthy-socialcredit-isnt-what-you-think-it-is

15. Loubere, N. (2017). China's Internet Finance Boom and Tyrannies of Inclusion. *China Perspectives*, 2017/4, pp. 9–18.

16. Bislev, A. (2017). Contextualizing China's Online Credit Rating System. *China Policy Institute*: Analysis, 4 December. https://cpianalysis.org/2017/12/04/contextualizing-chinas-online-credit-rating-system

17. Matsakis, L. (2019). How the West Got China's Social Credit System Wrong. *Wired*, 29 July. www.wired.com/story/china-social-credit-score-system

18. Daum, (2019), 앞의 글; Zhang, (2020), 앞의 글.

19. Backer, L. C. (2018). And an Algorithm to Bind Them All? Social Credit, Data Driven Governance, and the Emergence of an Operating System for Global Normative Orders. SSRN Scholarly Paper ID 3182889. Rochester, NY: Social Science Research Network. https://doi.org/10.2139/ssrn.3182889

20. Daum, J. (2017). China Through a Glass, Darkly. China *Law Translate*, 24 December. www.chinalawtranslate.com/seeing-chinese-social-creditthrough-a-glass-darkly/?lang=en

21. Reisinger, D. (2015). Why Facebook Profiles Are Replacing Credit Scores. *Fortune*, 2 December. https://fortune.com/2015/12/01/tech-loans-creditaffirm-zest

22. *Economist*. (2016c). Test of Character. *The Economist*, 29 September. www.economist.com/news/finance-and-economics/21707978-how-personalitytesting-could-help-financial-inclusion-tests-character; Loubere, N. and Brehm, S. (2018). The Global Age of Algorithm: Social Credit and the Financialisation of Governance in China. *Made in China Journal*, 3 (1), pp. 38–42.

23. *Privacy International*. (2018). Fintech's Dirty Little Secret? Lenddo, Facebook and the Challenge of Identity. *Privacy International*, 23 October. http://privacyinternational.org/long-read/2323/fintechs-dirty-little-secret-lenddofacebook-and-challenge-identity

24. *Economist*, (2016c), 앞의 글.

25. Daum, (2019), 앞의 글.

26. Arns, N. (2018). Prof. Muhammad Yunus on The New Economics of Zero Poverty, Zero Unemployment & Zero Net Carbon Emissions. *Impact Boom*, 14 December. www.impactboom.org/blog/2018/12/24/muhammad-yunuson-the-new-economics-of-zero-poverty-zerounemployment-zero-net-carbonemissions

27. *World Bank*. (2015). World Development Report 2015: Mind, Society, and Behavior. Washington DC: The World Bank.

28. Chelwa, G. and Muller, S. (2019). The Poverty of Poor Economics. *Africa Is a Country*, 17 October. https://africasacountry.com/2019/10/the-poverty-ofpoor-economics

29. World Bank, (2015), 앞의 글, p. 9.

30. General Office of the State Council. (2016).国务院办公厅关于加强个人诚信体系建设的指导意见[The General Office of the State Council's Guiding Opinion on the Strengthening of the Establishment of the Personal Creditworthiness System]. China's State Council website, 30 December. www.gov.cn/zhengce/content/2016-12/30/content_5154830.htm

31. Daum, (2019), 앞의 글.

32. Loubere, N. (2021). Debt as Surveillance. *Progressive International*. 13 April, https://progressive.international/blueprint/05b4dc99-aa22-42ac-9839-56af1863c7ed-debt-as-surveillance/en

3. 신장 위구르

1. 이 일련의 사건들에 대한 구체적인 상황은 다음 책의 부록을 참조하라. Byler, D., Franceschini, I., and Loubere, N. (2022). *Xinjiang Year Zero*. Canberra: ANU Press.

2. Thum, R. (2020). The Spatial Cleansing of Xinjiang: Mazar Desecration in Context. *Made in China Journal*, 4(2), pp. 48–61.

3. Cheek, T. (2019). Thought Reform. In C. Sorace, I. Franceschini, and N. Loubere, eds., *Afterlives of Chinese Communism: Political Concepts from Mao to Xi*. Canberra: ANU Press and Verso Books, pp. 287–92; Cliff, T. (2016). *Oil and Water: Being Han in Xinjiang*. Chicago, IL: University of Chicago Press; Yi, X. (2019). Blood Lineage. In C. Sorace, I. Franceschini, and N.

Loubere, eds., *Afterlives of Chinese Communism: Political Concepts from Mao to Xi*. Canberra: ANU Press, pp. 17-22.

4. Nemser, D. (2017). *Infrastructures of Race: Concentration and Biopolitics in Colonial Mexico*. Austin: University of Texas Press.

5. Amy, J. and Rowlands S. (2018). Legalised Non-Consensual Sterilisation: Eugenics Put into Practice before 1945, and the Aftermath. Part 1: USA, Japan, Canada and Mexico. *The European Journal of Contraceptive & Reproductive Health Care*, (23)2, pp. 121-9.

6. Salimjan, G. (2022). Camp Land: Settler Ecotourism and Kazakh Removal in Contemporary Xinjiang. In D. Byler, I. Franceschini, and N. Loubere, eds., *Xinjiang Year Zero*. Canberra: ANU Press, pp. 140-56.

7. Todorov, T. (1986). Prefazione [Preface]. In P. Levi, *I sommersi e i salvati [The Drowned and the Saved]*. Turin: Einaudi, pp. v-xi.

8. Pitzer, A. (2018). *One Long Night: A Global History of Concentration Camps*. New York: Little, Brown and Company. p.13.

9. 위의 책, p. 6.

10. 신장의 상황을 프리모 레비의 작업과 연관해 논의하는 글로는 다음을 참조하라. Franceschini, I. and Byler, D. (2021). Primo Levi, Camp Power, and Terror Capitalism: A Conversation with Darren Byler. *Made in China Journal*, 6(2), pp. 272-81.

11. Roberts, S. (2020). *The War on the Uyghurs: China's Internal Campaign Against a Muslim Minority. Princeton*, NJ: Princeton University Press.

12. Brophy, D. (2019). Good and Bad Muslims in Xinjiang. *Made in China Journal*, 4(2), pp. 44-53.

13. Byler, D. (2019b). Preventative Policing as Community Detention in Northwest China. *Made in China Journal*, 4(3), pp. 88-94.

14. Greitens, S.C., Lee, M., and Yazici, E. (2020). Counterterrorism and preventive repression: China's changing strategy in Xinjiang. *International Security*, 44(3), pp. 9-47.

15. Sorace, C. (2021). The Chinese Communist Party's Nervous System: Affective Governance from Mao to Xi. *The China Quarterly*, first view. https://doi.org/10.1017/S0305741021000680.

16. Sorace, C. (2020). Gratitude: The Ideology of Sovereignty in Crisis. *Made in China Journal*, 5(2), pp. 166-9.

17. Nguyen, M. T. (2012). *The Gift of Freedom: War, Debt, and Other Refugee Passages*. Durham, NC: Duke University Press.

18. Sorace (2020), 앞의 글, p. 168.

19. Robertson, M. (2020). Counterterrorism or Cultural Genocide? Theory and Normativity in Knowledge Production About China's 'Xinjiang Strategy'. *Made in China Journal*, 5(2), pp. 72–81.

20. Dirlik, A. (2017). *Complicities: The People's Republic of China in Global Capitalism*. Chicago, IL: Prickly Paradigm Press.

21. Byler, D. (2022b). *Terror Capitalism: Uyghur Dispossession and Masculinity in a Chinese City*. Durham, NC: Duke University Press, p. xiii.

22. Byler, D. (2020). The Global Implications of 'Re-education' Technologies in Northwest China. *Center for Global Policy*, 8 June. https://cgpolicy.org/articles/the-global-implications-of-re-education-technologies-in-northwestchina

23. Hu, K. and Dastin, J. (2020). Amazon Turns to Chinese Firm on U.S. Blacklist to Meet Thermal Camera Needs. *Reuters*, 29 April. www.reuters.com/article/ushealth-coronavirus-amazon-com-cameras/exclusive-amazon-turns-to-chinesefirm-on-u-s-blacklist-to-meet-thermal-camera-needs-idUSKBN22B1AL

24. Roche, G. (2019). Transnational Carceral Capitalism in Xinjiang and Beyond. *Made in China Journal*, 4(1), pp. 13–15.

25. Shepherd, C. (2019). Erik Prince Company to Build Training Centre in China's Xinjiang. *Reuters*, 31 January. www.reuters.com/article/us-china-xinjiang/erik-prince-company-to-build-training-center-in-chinas-xinjiang-idUSKCN1PP169

26. Cole, M. and Scahill, J. (2016). Eric Prince in the Hot Seat. *The Intercept*, 24 March. https://theintercept.com/2016/03/24/blackwater-founder-erikprince-under-federal-investigation

27. Fan, L. (2017). Blackwater Founder to Open Bases in Xinjiang. *The Global Times*, 21 March. www.globaltimes.cn/content/1038847.shtml

28. *Bloomberg*. (2019). Frontier Services Group Ltd (500: Stock Exchange of Hong Kong Limited). *Bloomberg*. www.bloomberg.com/research/stocks/people/person.asp?personId=242634425&capId=2482088&previousCapId=242505502&previousTitle=China Xinjiang Beixin Construction

%26Engineering (Group) Co. Ltd; Frontier Services Group (FSG). (2017). Annual Report 2017. http://doc.irasia.com/listco/hk/frontier/annual/2017/ar2017.pdf

29. Ordonez, V. (2019). Erik Prince's Company Plans Business in China Province under Human Rights Scrutiny According to Financial Disclosure. *ABC News*, 10 October. https://abcnews.go.com/International/erik-princes-companyplans-business-china-province-human/story?id=66139535

30. Harney, A. (2019). Risky Partner: Top U.S. Universities Took Funds from Chinese Firms Tied to Xinjiang Security. *Reuters*, 13 June. www.reuters.com/article/uschina-xinjiang-mit-tech-insight-idUSKCN1TE04M

31. Rollet, C. (2019). Influential US Scientist under Fire for Xinjiang Links. *Coda*, 12 September. www.codastory.com/authoritarian-tech/influential-usscientist-under-fire-xinjiang-links

32. McNeill, S., McGregor, J., McGriffiths, M., Walsh, M., and Hui, E. (2019). UTS, Curtin Unis Announce Reviews over Links to Surveillance Tech Used by Chinese Government. *ABC News Four Corners*, 16 July. www.abc.net.au/news/2019-07-16/australian-unis-to-review-links-to-chinese-surveillancetech/11309598

33. Wee, S.-L. (2019). China Uses DNA to Track Its People, With the Help of American Expertise. *New York Times*, 21 February. www.nytimes.com/2019/02/21/business/china-xinjiang-uighur-dna-thermo-fisher.html

34. Marcus, A. (2020). Study of China's Ethnic Minorities Retracted as Dozens of Papers Come Under Scrutiny for Ethical Violations. *Retraction Watch*, 6 August. https://retractionwatch.com/2020/08/06/study-of-chinas-ethnicminorities-retracted-as-dozens-of-papers-come-under-scrutiny-for-ethicalviolations; Wee, S.-L. (2021). Two Scientific Journals Retract Articles Involving Chinese DNA Research. *The New York Times*, 9 September. www.nytimes.com/2021/09/09/business/china-dna-retraction-uyghurs.html

35. Darrowby, J. (2019). Intellectual Property, Artificial Intelligence, and Ethical Dilemmas: China and the New Frontiers of Academic Integrity. *Made in China Journal*, 4(1), pp. 24–9.

36. Byler, D. (2019a). How Companies Profit from Forced Labor in Xinjiang. *SupChina*, 4 September. https://supchina.com/2019/09/04/how-companiesprofit-from-forced-labor-in-xinjiang

37. Patton, D. (2016). Xinjiang Cotton at Crossroads of China's New Silk Road. *Reuters*, 12 January. www.reuters.com/article/us-china-xinjiang-cottoninsight-idUSKCN0UQ00320160112

38. Xu, V. X., Cave, D., Leibold, J., Munro, K., and Ruser, N. (2020). Uyghurs for Sale: 'Re-education', Forced Labour and Surveillance beyond Xinjiang. Australian Strategic Policy Institute, 1 March. www.aspi.org.au/report/uyghurs-sale

39. Better Cotton Initiative(BCI). (2020). BCI to Cease All Field-Level Activities in the Xinjiang Uyghur Autonomous Region of China. Announcements, 21 October. Geneva: Better Cotton Initiative. http://web.archive.org/web/20210107110309/ https://bettercotton.org/bci-to-cease-all-field-level-activities-in-the-xinjianguyghur-autonomous-region-of-china

40. Byler, (2019a), 앞의 글.

41. Benns, W. (2015). American Slavery, Reinvented. *The Atlantic*, 21 September. www.theatlantic.com/business/archive/2015/09/prison-labor-in-america/406177

42. Byler, (2022b), 앞의 글.

4. 일대일로

1. Sorace, C. and Zhu, R. (2022). The Short-Lived Eternity of Friendship: Chinese Workers in Socialist Mongolia (1955-64). In I. Franceschini and C. Sorace, eds., *Proletarian China: A Century of Chinese Labour*. London: Verso Books, pp. 251-68.

2. Bräutigam, D. (2009). *The Dragon's Gift: The Real Story of China in Africa*. Oxford: Oxford University Press. p. 37; Galway, M. (2022). Building Uhuru: Chinese Workers and Labour Diplomacy on the Tam–Zam Railway. In I. Franceschini and C. Sorace, eds., *Proletarian China: A Century of Chinese Labour*. London: Verso Books, pp. 416-26; Teng, W. (2019). Third World. In C. Sorace, I. Franceschini, and N. Loubere, eds., *Afterlives of Chinese Communism: Political Concepts from Mao to Xi*. London: Verso Books, pp. 281-5.

3. Hong, E. and Sun, L. (2006). Dynamics of Internationalization and Outward Investment: Chinese Corporations' Strategies. *The China Quarterly*, 187, pp.

610–34; Ye, M. (2019). Fragmentation and Mobilization: Domestic Politics of the Belt and Road in China. *Journal of Contemporary China*, 28(119), pp. 696–711.

4. Solinger, D. (2009). *States' Gains, Labor's Losses: China, France, and Mexico Choose Global Liaisons 1980–2000*. Ithaca, NY: Cornell University Press.

5. Xinhua. (2017). Visions and Actions on Jointly Building Belt and Road. *Belt and Road Forum for International Cooperation* website, 10 April. www.beltandroad2019.com/english/n100/2017/0410/c22-45.html; Garlick, J. (2019). *The Impact of China's Belt and Road Initiative: From Asia to Europe*. Abingdon, UK: Routledge; Zhang, H. (2021b). Internationalization of China's Developmental State: Mechanisms and Impacts. PhD Dissertation, George Mason University.

6. OECD. (2018). China's Belt and Road Initiative in the Global Trade, Investment, and Finance Landscape. *OECD Business and Finance Outlook 2018*. www.oecd.org/finance/Chinas-Belt-and-Road-Initiative-in-the-globaltrade-investment-and-finance-landscape.pdf p. 3.

7. Jones, L. and Zeng, J. (2019). Understanding China's 'Belt and Road Initiative': Beyond Grand Strategy to a 'State Transformation' Analysis. *Third World Quarterly*, 40(8), pp. 1415–39.

8. Zhang, H. (2021b). Internationalization of China's Developmental State: Mechanisms and Impacts. PhD Dissertation, George Mason University.

9. Lee, C. K. (2017). *The Specter of Global China: Politics, Labor, and Foreign Investment in Africa*. Chicago, IL: The University of Chicago Press.

10. Loubere, N., Lu, J., Crawford, G., and Botchwey, G. (2019). Unequal Extractions: Reconceptualizing the Chinese Miner in Ghana. *Labour, Capital and Society*, 49, pp. 2–29.

11. Xiao, A. H. (2015). In the Shadow of the States: The Informalities of Chinese Petty Entrepreneurship in Nigeria. *Journal of Current Chinese Affairs*, 44, pp. 75–105.

12. Cheng, P. (2021). Shwe Kokko Special Economic Zone / Yatai New City. *The People's Map of Global China*, 31 March. https://thepeoplesmap.net/project/shwe-kokko-special-economic-zone-yatai-new-city

13. Heilmann, S. (2008). From Local Experiments to National Policy: The Origins of China's Distinctive Policy Process. *The China Journal*, 59, pp.

1-30.

14. Loughlin, N. and Grimsditch, M. (2021). How Local Political Economy Dynamics Are Shaping the Belt and Road Initiative. *Third World Quarterly*, online first. https://doi.org/10.1080/01436597.2021.1950528

15. Raymond, G. (2021). From Neoliberalism to Geoeconomics: The Greater Mekong Subregion and the Archaeology of the Belt and Road Initiative in Mainland Southeast Asia. *Made in China Journal*, 6(2), pp. 152-7.

16. Galway, M. (2021). Who Are Our Friends? Maoist Cultural Diplomacy and the Origins of the People's Republic of China's Global Turn. *Made in China Journal*, 6(2), pp. 110-25.

17. Zhang, H. (2020). The Aid-Contracting Nexus: The Role of the International Contracting Industry in China's Overseas Development Engagements. *China Perspective*, 4/2019, pp. 17-28; Zhang, H. (2021a). Builders from China: From Third-World Solidarity to Globalised State Capitalism. %%Made in China Journal%%, 6(2), pp. 87-94.

18. National Development and Reform Commission, Ministry of Foreign Affairs, and Ministry of Commerce of the People's Republic of China. (2017). Vision and Action on Jointly Building Belt and Road. *Belt and Road Forum* website. http://2017.beltandroadforum.org/english/n100/2017/0410/c22-45.html

19. Inclusive Development International. (2020). Time to Raise the Bar: Reflecting on Four Years of AIIB Projects. Inclusive Development International website. www.inclusivedevelopment.net/wp-content/uploads/2020/05/aiibbriefer-time-to-raise-the-bar-web-version.pdf

20. 이 사례에 대한 보다 구체적인 내용은 다음의 글을 참조하라. People's Map of Global China. (2021). Hambantota Port (Magampura Mahinda Rajapaksa Port). *The People's Map of Global China*, 27 September. https://thepeoplesmap.net/project/hambantota-port-magampura-mahinda-rajapaksaport

21. Lin, Z. (2021). Toromocho Copper Mine Project. *The People's Map of Global China*, 31 March. https://thepeoplesmap.net/project/toromocho-coppermine-project

22. Initiative for Sustainable Investments China-Latin America. (2020a). Mirador Mining Project. *The People's Map of Global China*, 3 November.

https://thepeoplesmap.net/project/mirador-mining-project; Initiative for Sustainable Investments China-Latin America. (2020b). Rio Blanco Mining Project. *The People's Map of Global China*, 3 November. https://thepeoplesmap.net/project/rio-blanco-mining-project

23. Yu, P. (2021). Letpadaung Copper Mine. *The People's Map of Global China*, 23 March. https://thepeoplesmap.net/project/letpadaung-copper-mine

24. Lee, C. K. (2017). *The Specter of Global China: Politics, Labor, and Foreign Investment in Africa*. Chicago, IL: The University of Chicago Press; Li, P. (2010). The Myth and Reality of Chinese Investors: A Case Study of Chinese Investment in Zambia's Copper Industry. China in Africa Project occasional paper, no. 62. https://media.africaportal.org/documents/SAIIA_Occasional_Paper_62.pdf

25. Beattie, E. (2021). China-Backed Mining Deepens Papua New Guinea's Golden Dilemma. *Asia Nikkei*, 24 August. https://asia.nikkei.com/Spotlight/Asia-Insight/China-backed-mining-deepens-Papua-New-Guinea-s-golden-dilemma

26. Inclusive Development International. (2021). East African Crude Oil Pipeline. *The People's Map of Global China*, 30 March. https://thepeoplesmap.net/project/east-africa-crude-oil-pipeline

27. Business and Human Rights Resource Centre(BHRRC). (2021). 'Going Out' Responsibly: The Human Rights Impact of China's Global Investment. References 69 BHRRC website. www.bhrrc.org/en/from-us/briefings/going-outresponsibly-the-human-rights-impact-of-chinas-global-investments

28. Siu, P. (2019). Why Are Chinese Workers So Unpopular in Southeast Asia? *South China Morning Post*, 1 June. www.scmp.com/week-asia/politics/article/3012674/why-are-chinese-workers-so-unpopular-southeast-asia

29. Chen, K. W. (2021). Railroaded: The Financial Politics and the Labour Puzzle of Global China. *Made in China Journal*, 6(1), pp. 132–7.

30. Franceschini, I. (2020a). 'As Far Apart as Earth and Sky': A Survey of Chinese and Cambodian Construction Workers in Sihanoukville. *Critical Asian Studies*, 52(4), pp. 512–29.

31. Chan, A. (2019). American Factory: Clash of Cultures or Clash of Labour and Capital? *Made in China Journal*, 5(1), pp. 174–9.

방법으로서의 글로벌 차이나

32. Halegua, A. (2022). Chinese Workers on the Belt and Road. In I. Franceschini and C. Sorace, eds., *Proletarian China: A Century of Chinese Labour*. London: Verso Books, pp. 645-55.

33. Halegua, A. (2020a). From Africa to Saipan: What Happens When Chinese Construction Firms 'Go Global'? *Made in China Journal*, 5(1), pp. 160-3; Halegua, A. (2020b). Where is China's Belt and Road Leading International Labour Rights? An Examination of Worker Abuse by Chinese Construction Firms in Saipan. In M. A. Carrai and J. Wouters, eds., *The Belt and Road Initiative and Global Governance. Cheltenham*, UK: Edward Elgar Publishing, pp. 225-57.

34. Zhang, S. (2018). My Rights Have Been Left Behind in Papua New Guinea: The Predicament of Chinese Overseas Workers. *Made in China Journal*, 3(3), pp. 36-9.

35. 이 사례에 관한 보다 자세한 논의는 다음의 글을 참조하라. Matković, A. (2021). Unfree Labor, from Hanoi to Belgrade: Chinese Investment and Labor Dispatch in the Case of 750 Workers from Vietnam. Institute of Economic Sciences, Belgrade.

36. Halegua, A. and Ban, X. (2020a). Labour Protections for Overseas Chinese Workers: Legal Framework and Judicial Practice. *The Chinese Journal of Comparative Law*, 8(2), pp. 304-30; Halegua, A. and Ban, X. (2020b). Legal Remedies for China's Overseas Workers. *Made in China Journal*, 5(3), pp. 86-91.

37. Franceschini, I. (2020a). 'As Far Apart as Earth and Sky': A Survey of Chinese and Cambodian Construction Workers in Sihanoukville. *Critical Asian Studies*, 52(4), pp. 512-29.

38. Zheng, Y. and Smith, C. (2017). Chinese Multinational Corporation in Europe: Racing to the Bottom? *Made in China Journal*, 2(3), pp. 31.

39. Mueller, W. (2018). Chinese Investors in Germany: A Threat to Jobs and Labour Standards? *Made in China Journal*, 3(4), pp. 34-9.

40. Smith, C. and Zheng, Y. (2016). The Management of Labour in Chinese MNCs Operating Outside of China: A Critical Review. In M. Liu and C. Smith, eds., *China at Work: A Labour Process Perspective on the Transformation of Work and Employment in China*. London: Palgrave Macmillan, pp. 361-88.

41. Lee, C. K. (2017). 앞의 책.

42. Fei, D. (2021). Chinese Companies Have Different Ways of Managing Africa Employees. *The Washington Post*, 9 April. www.washingtonpost.com/politics/2021/04/09/chinese-companies-have-different-ways-managing-africanemployees

43. Gonzalez-Vicente, R. (2020). Varieties of Capital and Predistribution: The Foundations of Chinese Infrastructural Investment in the Caribbean. *Made in China Journal*, 5(1), pp. 164-9.

44. Rogelja, I. (2021). Hesteel Smederevo Steel Plant. *The People's Map of Global China*, 31 March. https://thepeoplesmap.net/project/hesteel-smederevosteel-plant.

45. Franceschini, I. (2020b). The Chinese Trade Union Goes Global: Evidence from Cambodia. *China Perspectives*, 4/2020, pp. 29-37.

46. Lee (2017), 앞의 글, p. 161.

47. 예를 들어 노동 연구 분야에서 다음과 같은 연구들을 참조할 수 있다. Driessen, M. (2019). Tales of Hope, *Tastes of Bitterness: Chinese Road Builders in Ethiopia*. Hong Kong: Hong Kong University Press; Schmitz, C. (2020). Doing Time, Making Money at a Chinese State Firm in Angola. *Made in China Journal*, 5(3), pp. 52-7; Zhu, R. (2020). The Double-Tongued Dilemma: Translating Chinese Workers' Relations in Mongolia. *Made in China Journal*, 5(3), pp. 58-65; Chen, K. W. (2021). Railroaded: The Financial Politics and the Labour Puzzle of Global China. *Made in China Journal*, 6(1), pp. 132-7; Hofman, I. (2021). In the Interstices of Patriarchal Order: Spaces of Female Agency in Chinese–Tajik Labour Encounters. *Made in China Journal*, 6(2), pp. 202-9.

5. 학계

1. Hayhoe, R. (1996). *China's Universities, 1895–1995: A Century of Cultural Conflict*. Abingdon, UK: Routledge.

2. Sahlins, M. (2015). *Confucius Institutes: Academic Malware*. Chicago, IL: Prickly Paradigm Press.

3. Repnikova, M. (2022). *Chinese Soft Power*. Cambridge: Cambridge University Press.

4. *Guardian.* (2013). Sydney University Criticised for Blocking Dalai Lama Visit. *The Guardian*, 18 April. www.theguardian.com/world/2013/apr/18/sydneyuniversity-dalai-lama; *Washington Post.* (2014). Academic Freedom Shouldn't Have a Price Tag. *The Washington Post*, 21 June. www.washingtonpost.com/opinions/the-price-ofconfucius-institutes/2014/06/21/4d7598f2-f7b6-11e3-a3a5-42be35962a52_story.html

5. Greatrex, R. (2014). Letter of Protest at Interference in EACS Conference in Portugal, July 2014. *European Association for Chinese Studies* website, 30 July. http://chinesestudies.eu/?p=585

6. Barmé, G. R. (2012). *Telling Chinese Stories. The China Story.* www.thechinastory.org/yearbook/telling-chinese-stories; Sahlins, M. (2015). Confucius Institutes: Academic Malware. Chicago, IL: Prickly Paradigm Press.

7. Repnikova, M. (2022). *Chinese Soft Power.* Cambridge: Cambridge University Press.

8. 위의 글.

9. Sahlins, M. (2014). Confucius Institutes: Academic Malware. *The Asia-Pacific Journal: Japan Focus*, 12(46). https://apjjf.org/2014/12/46/Marshall-Sahlins/4220.html

10. Hunter, F. (2019). Universities Must Accept China's Directives on Confucius Institutes, Contracts Reveal. *The Sydney Morning Herald*, 24 July. www.smh.com.au/politics/federal/universities-must-accept-china-s-directives-onconfucius-institutes-contracts-reveal-20190724-p52ab9.html

11. Sahlins, (2014), 앞의 글.

12. Fisher, L. and Dunning, S. (2020). Jesus College Accepted £155,000 Contribution from Huawei. *The Times*, 10 July. www.thetimes.co.uk/article/jesus-college-accepted-155-000-contribution-from-huawei-53rr7qmcf

13. Dunning, S.,Williams, M., Geoghegan, P., and Pogrund, G. (2021). Cambridge Professor Whose Role Was 'Funded by China'Cautioned Against Uyghur Debate. *openDemocracy*, 5 June. www.opendemocracy.net/en/dark-moneyinvestigations/cambridge-professor-role-funded-by-china-cautioned-uyghurdebate-peter-nolan

14. Byler, D. (2022a). Surveillance, Data Police, and Digital Enclosure in

Xinjiang 'Safe Cities'. In D. Byler, I. Franceschini, and N. Loubere, eds., *Xinjiang Year Zero*. Canberra: ANU Press, pp. 176–96.

15. Strelcová, A. B. (2021). The Belt and Road Initiative and the Internationalisation of Chinese Higher Education. *Made in China Journal*, 6(2), pp. 158–63.

16. NYU Shanghai (2019). Community Standards at NYU Shanghai. *NYU Shanghai* website. https://shanghai.nyu.edu/sites/default/files/media/nyu_shanghai_community_standards_2019_2020.pdf

17. Levine, J. (2019). NYU Shanghai Campus 'Self-Censoring, Politically Neutral' on Hong Kong: Faculty. *New York Post*, 19 October. https://nypost.com/2019/10/19/nyu-shanghai-campus-self-censoring-politically-neutral-on-hongkong-faculty

18. 위의 글.

19. Barkenaes, M. (2020). NYU Shanghai Students and Staff Respond to New York Post Article on School's Self-Censorship. *On Century Avenue*, 20 February. http://oncenturyavenue.org/2020/02/nyu-shanghai-students-and-staff-respondto-new-york-post-article-on-schools-self-censorship/

20. Lewis, M. K. (2021). Criminalizing China. *Journal of Criminal Law and Criminology*, 111(1), pp. 145–225.

21. Barry, E. (2022). 'In the End, You're Treated Like a Spy,' Says M.I.T. Scientist. *The New York Times*, 24 January. www.nytimes.com/2022/01/24/science/gang-chen-mit-china.html; Wright, R. (2022). Anming Hu, Professor Falsely Accused of Espionage, Reinstated by University of Tennessee. *Knoxville News Sentinel*, 3 February. https://eu.knoxnews.com/story/news/education/2022/02/03/anming-hureinstated-university-of-tennessee-false-espionage-charge/9008950002/

22. Lattimore, O. (1950). *Ordeal by Slander*. Boston, MA: Little, Brown and Company.

23. 더 많은 논의를 위해서 다음의 글을 참조하라. Darrowby, J. (2019). Intellectual Property, Artificial Intelligence, and Ethical Dilemmas: China and the New Frontiers of Academic Integrity. *Made in China Journal*, 4(1), pp. 24–8.

24. Study Group. (n.d.). *Study Group* website. www.studygroup.com

25. McCoy, D. (2014). Universities Must Resist the Military Industrial Complex.

방법으로서의 글로벌 차이나

openDemocracy, 11 March. www.opendemocracy.net/en/shine-a-light/universities-must-resist-military-industrial-complex

26. UnKoch My Campus. (n.d.). *Unkoch My Campus* website. www.unkochmycampus.org.

27. Schuessler, J. (2021). Leader of Prestigious Yale Program Resigns, Citing Donor Pressure. *The New York Times*, 30 September. www.nytimes.com/2021/09/30/arts/yale-grand-strategy-resignation.html.

28. McGowan, M. (2018). University Explains Why ItWalked Away fromWestern Civilisation Degree. *The Guardian*, 5 June. www.theguardian.com/australianews/2018/jun/06/university-explains-why-it-walked-away-from-grant-forwestern-civilisation-degree

29. University of Wollongong. (2019). UOW Responds on Ramsay Centre Partnership. *University of Wollongong* website. www.uow.edu.au/the-artssocial-sciences-humanities/schools-entities/liberal-arts/faqs

30. Phillips, T. (2017). Cambridge University Press Accused of 'Selling Its Soul' over Chinese Censorship. *The Guardian*, 19 August. www.theguardian.com/world/2017/aug/19/cambridge-university-press-accused-of-selling-its-soulover-chinese-censorship

31. Kennedy, M. and Phillips, T. (2017). Cambridge University Press Backs Down over China Censorship. *The Guardian*, 21 August. www.theguardian.com/education/2017/aug/21/cambridge-university-press-to-back-down-over-chinacensorship

32. *SCMP*. (2017). At Beijing Book Fair, Publishers Admit to Self-Censorship. *South China Morning Post*, 24 August. www.scmp.com/news/china/policiespolitics/article/2108095/beijing-book-fair-publishers-admit-self-censorshipkeep

33. *Reuters*. (2017). Springer Nature Blocks Access to Certain Articles in China. *Reuters*, 1 November. www.reuters.com/article/us-china-censorship/springer-nature-blocks-access-to-certain-articles-in-china-idUSKBN1D14EB

34. MCLC. (2018). Protest Against Springer Bowing to Censorship, MCLC Resource Center. MCLC Blog, 4 October. http://u.osu.edu/mclc/2018/10/04/protest-against-springer-bowing-to-censorship.

35. Buranyi, S. (2017). Is the Staggeringly Profitable Business of Scientific

Publishing Bad for Science? *The Guardian*, 27 June. www.theguardian.com/science/2017/jun/27/profitable-business-scientific-publishing-bad-for-science

36. Monbiot, G. (2018). Scientific Publishing Is a Rip-Off. We Fund the Research – It Should Be Free. *The Guardian*, 13 September. www.theguardian.com/commentisfree/2018/sep/13/scientific-publishing-rip-off-taxpayers-fundresearch

37. Loubere, N. and Franceschini, I. (2017). Beyond the Great Paywall: A Lesson from the Cambridge University Press China Incident. *Made in China Journal*, 2(3), pp. 64–6.

38. Mehta, G. (2020). Proposal to Install Spyware in University Libraries to Protect Copyrights Shocks Academics. *Coda Story*, 13 November. www.codastory.com/authoritarian-tech/spyware-in-libraries.

39. Heckman, J. and Moktan, S. (2018). The Tyranny of the Top Five Journals. *Institute for New Economic Thinking*, 2 October. www.ineteconomics.org/perspectives/blog/the-tyranny-of-the-top-five-journals

40. Murphy, S. (2017). *Zombie University: Thinking Under Control*. London: Repeater Books; Fleming, P. (2021). *Dark Academia: How Universities Die*. London: Pluto Press.

41. Graeber, D. (2015). *The Utopia of Rules*. New York: Melville House, p. 141(데이비드 그레이버, 김영배 옮김, 2016, 《관료제 유토피아: 정부, 기업, 대학, 일상에 만연한 제도와 규제에 관하여》, 메디치미디어).

42. Graeber, D. (2015). 위의 책, p. 135; Graeber, D. (2018). *Bullshit Jobs: The Rise of Pointless Work and What We Can Do about It*. London: Penguin Books(데이비드 그레이버, 김병화 옮김, 2021, 《불쉿 잡: 왜 무의미한 일자리가 계속 유지되는가?》, 민음사).

43. Fleming (2021), 앞의 글, p. 5.

44. Franceschini, I. (2021). The Work of Culture: Of Barons, Dark Academia, and the Corruption of Language in the Neoliberal University. *Made in China Journal*, 6(2), pp. 241–9.

1. Connery, Christopher, (2020), 'World Factory.' *Made in China Journal*, 5(1): 136-45.

2. Loubere, Nicholas, and Ivan Franceschini, (2018), 'How the Chinese Censors Highlight Fundamental Flaws in Academic Publishing.' *Made in China Journal*, 3(4): 22-25; Loubere, Nicholas, Ivan Franceschini, and Andrea Enrico Pia, (2023), 'Setting Knowledge Free: Towards an Ethical Open Access.' *Made in China Journal*, 27 February. madeinchinajournal. com/2023/02/27/setting-knowledge-free-towards-an-ethical-open-access.

3. Wilk, Richard, (2017), 'On Editing.' *Anthropology News*, 22 December. anthrosource.onlinelibrary.wiley.com/doi/10.1111/AN.728.

4. Graeber, D. (2015). *The Utopia of Rules*. New York: Melville House(데이비드 그레이버, 김영배 옮김, 2016,《관료제 유토피아: 정부, 기업, 대학, 일상에 만연한 제도와 규제에 관하여》, 메디치미디어).

197

지은이

이반 프란체스키니(Ivan Franceschini)

: 호주 멜버른대학교 아시아연구소 당대중국연구센터 조교수로 재직 중이며, '메이드 인 차이나 저널'(The Made in China Journal)과 '글로벌 차이나 인민 지도'(The People's Map of Global China), '글로벌 차이나 펄스'(The Global China Pulse) 창립자이자 공동 편집자로 활동하고 있다. 중국의 노동 문제에 관해 오랫동안 연구와 활동을 병행해왔으며, 《중국 공산주의의 유산들: 마오쩌둥에서 시진핑까지의 정치 관념들》(Afterlives of Chinese Communism: Political Concepts from Mao to Xi, 2019) 《신장 원년》(Xinjiang Year Zero, 2022) 《프롤레타리아 중국: 중국 노동 한 세기》(Proletarian China: A Century of Chinese Labour, 2022)의 공저자이기도 하다. 현재 동아시아와 동남아시아의 온라인 사기 산업에서 벌어지는 현대판 노예제도에 관한 새 책을 집필 중이다.

니콜라스 루베르(Nicholas Loubere)

: 스웨덴 룬드대학교 동아시아 및 동남아시아 연구센터 부교수로 재직 중이며, '메이드 인 차이나 저널'(The Made in China Journal)의 공동 편집자로 활동하고 있다. 《대출을 통한 개발: 중국 농촌의 소액대출과 주변화》(Development on Loan: Microcredit and Marginalisation in Rural China, 2019)를 썼다. 최근에는 19세기 골드 러시에서 현재 암호화폐 채굴 현상에 이르기까지 자원 채굴 광풍에 중국이 어떻게 관여하고 있는지에 초점을 맞춰 중국의 지구화 과정과 형태를 연구하고 있다.

옮긴이

하남석

: 서울시립대학교 중국어문화학과 부교수로 재직 중이며 현대 중국의 체제 변동과 대중 저항을 주로 연구하고 있다. 지은 책으로 《팬데믹 이후 중국의 길을 묻다: 대안적 문명과 거버넌스》(공저), 《중국공산당 100년의 변천: 혁명에서 '신시대'로》(공저) 등이 있고, 옮긴 책으로《차이나 붐: 왜 중국은 세계를 지배할 수 없는가》《제국의 충돌: '차이메리카'에서 '신냉전'으로》《아이폰을 위해 죽다: 애플, 폭스콘, 그리고 중국 노동자의 삶》(공역) 등이 있다. 주요 논문으로는 〈중국의 신자유주의 논쟁과 그 함의: 중화권 좌파 지식인들의 2016년 논쟁을 중심으로〉 〈1989년 천안문 사건과 그 이후: 역사의 중첩과 트라우마의 재생산〉 〈시진핑 시기 중국의 청년 노동 담론: 내권內卷, 당평躺平, 공동부유〉 등을 썼다.

방법으로서의 글로벌 차이나

ⓒ 이반 프란체스키니 · 니콜라스 루베르, 2024

초판 1쇄 인쇄 2024년 10월 23일
초판 1쇄 발행 2024년 10월 31일

지은이 이반 프란체스키니 · 니콜라스 루베르
옮긴이 하남석
펴낸이 이상훈
인문사회팀 김지하 최진우
마케팅 김한성 조재성 박신영 김효진 김애린 오민정
펴낸곳 ㈜한겨레엔 www.hanibook.co.kr
등록 2006년 1월 4일 제313-2006-00003호
주소 서울시 마포구 창전로 70(신수동) 화수목빌딩 5층
전화 02-6383-1602~3
팩스 02-6383-1610
대표메일 book@hanien.co.kr
ISBN 979-11-7213-147-0 93300